田舎大家流

たった3年で
家賃年収4700万円を
達成した私の成功法則

不動産投資アドバイザー
多喜 裕介

不動産投資術

合同フォレスト

▼はじめに▲

皆さん、初めまして、富山県在住の【ド田舎大家T】こと多喜裕介と申します。

私は２０１４年7月に富山県小矢部市という人口３万人しかいない田舎で、小さな築古アパートを購入しました。

その後も田舎を中心に築古アパートを購入し、2年でアパート9棟52室、１カ月のキャッシュフロー（以下、ＣＦ）が１３０万円を達成し、サラリーマンを退職することができました。退職後もアパートを購入し続け、現在は12棟80室を運営し、家賃年収４７００万円、１カ月のＣＦが１７５万円を達成しています。

独身のサラリーマン時代は、給料のほとんどが自由に使えるお金でした。それが結婚によってお小遣い制になると趣味にお金を使うことができなくなり、なんとかして副収入を得たいと思うようになりました。

そこで出合ったのが「不動産投資」でした。きっかけは自宅の太陽光発電で、情報を集めているうちに、「不動産投資」という世界を知り、だんだんと引き寄せられていったのです。そして、「不動産投資」の世界に入る決定打となったのが、石原博光氏の『まずはアパート一棟、買いなさい！』（ソフトバンククリエイティブ）という本を読んだことでした。私はこの【地方築古高利回りアパート】を運営する投資法に感銘を受けました。

その後も本を何十冊と読んで自信をつけたあと、アパートを購入して実践したのですが、どの本も首都圏が前提の本ばかりだったため、勝手が違い試行錯誤の連続でした。

田舎の「不動産投資」というと人口が減少して危険なのでは？　と思うかもしれませんが、私は競争が激化していないブルーオーシャンだと思っています。いくら人口が密集している都市でも賃貸物件が供給過剰であればレッドオーシャンであり、むしろこちらの方が危険だと思います。

「不動産投資」は簡単な投資ではありませんが、キチンとした知識で理論武装すれば決して難しいわけではありません。首都圏の運営方法、地方都市の運営方法、そして田舎の運営方法が少し違うだけなのです。

この本では、私がこの3年間にどのようなことを行ったのかを書き綴っていきます。頑張り次第では私のように不労所得を得られると思います。

この本を読んで私の同類が生まれることを切に願います。

多喜裕介

もくじ

第2章　なぜ、いま、「田舎」がねらい目なのか？

第3章　驚異的なスピードで購入した7つの物件（リアルに学ぶ！）

第4章　田舎大家流不動産投資術　7つの成功法則

第5章　これが、田舎大家流マインドリノベーション（事業永続のための7鉄則）

第1章

社畜ダメリーマンから脱出してアパート大家になるまで

1　サラリーマン11年やっても昇進できないダメリーマンでした

私は２００５年４月に地元企業に新卒正社員のＳＥとして入社しました。そのころはＩＴバブルの時代（「電車男」がドラマになっていたころ）だったので、景気はさほど悪くなく、むしろ毎月１００時間残業していたほどの激務でした。

同期入社の社員は20名ぐらいいたのですが、翌年には半分になり、さらに翌年にはもう半分になっていました。簡単に辞めても再就職先が見つかる良い時代だったと思います。

その後のリーマン・ショックによる不景気到来で一転し、派遣村が公園にできているニュース映像を見るたびに、正社員でいられる限りあのような思いはせずに済むのだから、一生会社にしがみつくぞと思っていたくらいです。

そんな性根の腐ったマインドで仕事をしていたがために仕事の成果は上がらず、上司から毎日ミスや仕事に対する姿勢（居眠りやらかすこと多々あり）叱責される毎日でした。

こんなダメリーマン人生を歩んでいたのですが、結婚をして家を建てることができました。それは良かったのですが、自由に使えるお金が毎月３万円のお小遣いのみになってしまいました。

多趣味な私としては3万円というお金はめちゃくちゃ少ないわけです。なぜなら、独身時代は給料から生活費と会社の財形を除いた残りがお小遣いだったからです。

性格的に無駄遣いは嫌いなので、変なお金の使い方はしていませんが、自由に使えるお金が少ないだけで不安になります。そのため、株とせどり（掘り出し物を安く仕入れて高く売る）に手を出してしまいます。


株はおそらく定番かと思いますが、サラリーマンはやるべきではないと思っています。なぜなら、私の場合は株の値動きが気になってしまい、どうしても本業に集中できないことが多々あったからです。スマホで株価を確認するために、頻繁にトイレに行ったり休憩したりしてダメリーマンっぷりを発揮していました。

せどりは本業中に影響はなかったのですが、帰宅後に商品の仕入れ、出品、発送作業を行っていたので時間が奪われていました。

株は原資が損していないタイミングで、せどりは面倒になって早々にやめてしまいましたが、そのころから何かオートマチックにお金を稼ぐ手段はないかと考えるようになりました。

そこで出合ったのが不動産投資であり、ダメリーマンから脱却するどころかサラリーマンからも解放されることになるとは当時の私は夢にも思っていませんでした。

2 11年の中で3回の部署換え（SE→事務職→ビル管理）

使えない社員だった私は、少しでも経験を積むためにジョブローテーションを命じられていました。そのため、サラリーマン生活の11年の中でSE、事務職、ビル管理の３つの職種を経験し、合計４つの部署で働きました。半期末に査定される評価は、いつもＡＢＣランクのうちＢランクでした。

上司もさぞ悩んでいたでしょう。成果を出せる社員に成長させるために、あの手この手を使ったのではないかと思います。

そんな折、不動産投資に興味を持ち始めたタイミングで、社内で自社ビルを管理する部署を立ち上げるからやってみないかと声がかかったのでした。

願ってもないことでした。ビル管理の仕事で得られる経験を活かせれば、不動産投資の糧になると思い、即答で承諾したのでした。

ビル管理の仕事は主に設備や建物の管理を任されていました。つまり、大きなＲＣ物件を管理するノウハウをそこで身に付けることができたわけです。

私はこの経験を活かした上で、ＲＣ物件には手を出したくないと思うようになり、１棟マンションではなくアパートの取得を目指すようになりました。

ＲＣ物件は部屋数が多くなるため、エレベーター、受水槽設備、消防設備があり、地階があればさらに雨水槽などの設備が多くなります。そのため、各設備は法律で点検が義務付けられており、また設備があればトラブルに発展する可能性が高まることが容易に判断できました。

これらの設備の点検や故障時の対応に立ち会っているので、どれだけの頻度で点検・故障が起きるのかが分かってしまい、前述した石原式の不動産投資手法がいかに理にかなっているのかを身をもって経験したわけです。

また、逆に不動産投資で得られた知識や経験を本業に活かすこともできました。不動産投資は「投資」としてではなく「事業」としても捉えることで、積極的に行動できるようになり、結果的には本業に対しても行動力を発揮することができたのです。

私は本当にサラリーマンと不動産投資は良い組み合わせだと思っています。不本意ながら私は本業でいろいろな業種を経験しましたが、本業で得られたこの経験は何かしらの形で不動産投資に活かすことができています。

例えば、ＳＥの知識はアパートのインターネット設備で役に立ちましたし、事務職の知識は確定申告や法人の決算に役に立ちました。

つまり、本業での経験を何かしらの形で応用することが、不動産投資を成功に導く近道の一つではないかと思っています。

3　性格的に無駄遣いが嫌いで貯蓄好き

誤解を生まないために先に言っておきますが、私は決して「ケチ」ではありません。「無理・ムラ・無駄」が嫌いな性格なのです。費用対効果を重視した「倹約」と言っても良いといえます。

物一つ買うにしても情報収集を行い、自分の目的を果たせるか、対価に見合うのか、どの店を利用すれば一番安く購入できるのかを必ず検討しています。それでも目論見が外れて無駄な出費をしてしまうと、自己嫌悪に陥ってしまうくらいです。

一見私の思想は「ケチ」と同じようなものと思われるかもしれませんが、似て非なるものと思っています。

そもそも「ケチ」とは必要な出費すら躊躇して支払わなかったり、他人に対して費用をかけることを極端に嫌い、他人に対する感謝やプレゼント（他人に対する投資）ができない人です。

私は無理して貯蓄していたのかというと、そうではありません。会社の財形を利用して強制的に積立を行っていました。つまり、最初から手元に来ないように仕組んでおいたのです。

当初は自分の将来（老後）のために月に7万円の積立を行い、年2回のボーナスが出た際にはさらに7万円積み立てていました。会社から補助が少し出たので、年間で約100万円貯まり、これを5年続けていたので500万円貯まりました。

独身時代は給料からこの積立金と生活費を除いた手残りがお小遣いでした。お小遣いを最大限に有効活用するために、金銭管理能力が身に付いたのかもしれません。

サラリーマン時代の思考では、この積立金を使って手堅い投資を行い、老後は安泰にしたいと漠然と思っていました。

この金銭管理能力と事務職員時代に身に付けたスキルを利用して、法人の月次決算は必ず2営業日以内に行っています。なぜなら、お金の管理は法人経営する上で重要なのは当たり前ですが、何よりも金融機関にお金の管理をキチンとやっていることをアピールするためです。

また、融資の依頼をする際に、直近の試算表を「求められる前に提出できるような体制」にすることで、金融機関からの信頼を勝ち取ることができるのです。

4　ビリオネアクラブの投資術との出合い　～ド田舎大家T誕生！

ビリオネアクラブとは【ゲテモノ大家ｋｅｎ】こと中島健一氏と、【自衛隊大家】こと佐藤一彦氏をオーガナイザーとした会員制の投資クラブです。日本の不動産投資からの上がり（利益）を投資案件や海外の不動産、積立保険などの金融商品に再投資することで、複利的なスピードで資産を増やす手法を実践しています。

私は現在、ビリオネアクラブで北陸支部長を務めています。

ビリオネアクラブとの出合いは、石原博光氏が渡米前の最後のセミナーをビリオネアクラブ主催で行うということで、わざわざ富山から東京まで出張したことがきっかけです。セミナーを受講して思ったのが、自分がいかに「井の中の蛙」であったのかということです。

なぜなら、当時の私は不動産投資が投資法の中で一番堅くて現実的だと思い込んでいたからです。ビリオネアクラブが紹介する投資案件は魅力的なものが多く、高利回りのものばかりです。不動産投資と違って経費がかからない分、不動産投資より楽にそして確実に利益を生むことが可能です。

また、海外の不動産でインカムゲイン（所有することによる利益）だけでなくキャピタルゲイン（売買することによる利益）も狙ったり、海外保険やファンド型の積立など日本では考えられないような金利での資産運用が可能です。

複利の投資案件に投資をするための資金を生むのが不動産投資であり、まさにこれが複利で再投資をすることと知り、パーッと「視野が広がった」瞬間でした。

私はビリオネアクラブ所属後もさまざまなセミナーの受講や本を読むなどの行動を継続

した結果、ついに利回り34％の物件を取得することができました。

しかし、その物件の立地は周りが田んぼだらけの田舎に建っていたため、【ド田舎大家T】というペンネームで、自分が行ってきたことをブログに綴り始めました。

ブログの掲載は、決して情報発信するのが目的ではありません。自分自身の行動を点検し、行動させるためのツールとして利用しています。

つまり、ブログに記載することで、自分自身がどの程度行動してきたのかを後から見直すことができ、「ブログに掲載できていない＝行動していない」という証明になります。

また、見てくれた人から「客観的な評価」を得ることも重要です。自分の思い込みや独りよがりな行動がないかチェックすることもできます。

5　不動産投資仲間との切磋琢磨は大事！

私がビリオネアクラブに所属してから思ったことは、メンバーが首都圏中心のため、東京は人がたくさん集まって羨ましいということでした。しかも、首都圏のメンバーが持っている、首都圏ならではの情報やノウハウは、田舎では参考にならないことが多々あったのです。

地元でも情報共有ができる仲間が欲しいと思うようになったころ、支部構想が立ち上がり各支部長の募集がありました。北陸のメンバーが私一人しかいなかったこともあり、立候補し地元でメンバーの募集を行いました。

2016年10月　ビリオネアクラブ3周年記念大感謝祭で行われた卒業式

たった一人で行動するのは不安ではありましたが、行動しなければ同じ志を持つ仲間も見つかりません。そこで、メンバー募集のために、オーガナイザーを呼んでのセミナーを地元で開催しました。その結果、念願の仲間をつくることができたのです。

私は不動産投資仲間と切磋琢磨することが成功する近道の一つだと思っています。なぜなら、仲間は皆不動産投資で成功するという共通の目的に向かって活動しています。

そのため、自分たちが手足を動かしたことによって得られる信頼性の高い情報を仲間と共有し、効率良く活動することができるからです。

不動産談義をすれば、いつも熱が入ります。仲間が成功することでお互いを刺激させ、時には助け合う好循環な関係を構築できたため、私自身も加速度的に成長できたのではないかと思っています。

6　容易に諦めない継続力・粘り強さ

1棟目のアパートを購入するために、手持ち資金500万円を全額投入しました。この500万円は5年間頑張って積み立てたお金なので、当時は何が何でもこの500万円は無駄にしない、絶対に取り返すぞという強い思いがあり、無意識のうちに相当腹をくっていたと思います。

当然と言えば当然です。今までにない金額を使って投資をするのですから、生半可な覚悟ではできません。

そのため、物件を取得する前後は成功させるための勉強や情報収集、現地調査を徹底的に行い、成功するための手順を素人ながらイメージできるまでに至っていました。

しかし、実際に運営して空室を埋めるための行動をしてみると、イメージしていたとおりに物事は進まないことが多々あり、やはり自分にはまだまだ経験やノウハウの蓄積が足りないと思うようになります。

だからといって、嘆く暇はないのです。私は不動産で成功するという目標を掲げているので、もう一歩も後には引けない状態です。脅迫観念からか、何かを得るためには何かを捨てないと前進できないと思うようになり、自分の趣味の時間、睡眠時間を犠牲にしてさらに努力します。

不動産投資初期段階は現金がなかったので、ＤＩＹなどの泥臭いことまで行い、費用削減、管理会社の変更、先輩の方々からアドバイスをもらうなど、できる限りの努力をした結果、購入して４カ月で満室にすることができたのです。

腹をくくった以上、成功するまで「諦める」という選択肢はないのです。「失敗が怖い」と思って立ちすくんでいる人もいるかもしれませんが、失敗を怖がっているようでは、腹のくくり方が不十分です。失敗しないために勉強をすれば良いだけです。たとえ失敗したとしても失敗したままで終わらせてはいけないのです。

不動産投資はＰＣのクリック操作で買える株やＦＸと違い、いくつものハードルがあります。ハードルを越えるために不動産会社や金融機関は自分を信用して助けてくれるのです。

投資は自己責任とよく言いますが、不動産投資の失敗は自己責任だけでなく信用を裏切る行為でもあります。協力してくれた方に対して不義理なことはできないので、常に最善の行動を模索し実践しなければいけないのです。

7　受動的人生から能動的人生へ

１棟目を満室にできたことを皮切りに、私はどんどん物件を購入し、売却した物件も含めると13棟を購入し、満室に近い運営をしています。

なぜ、そのようなことが可能になったのか？

それは、不動産投資が本業より面白いと思うようになったからです。

そして、サラリーマンでは得られなかった「評価」と「評価に応じた報酬」を原動力にすることで、受動的な人生から能動的な人生に移行することができたのです。

サラリーマンをしていると、直属の上司から評価されるため、上司というフィルターを通ってしまいます。

もし上司に部下に対する蔑視した固定観念があればそこまでなのです。

何か改善提案を企画したとしても、上司がＯＫを出さなければやりたくても実行できません。

このやりとりが嫌になると、上司から指示されたことだけを仕事とする受動的な行動しかできない悪循環に陥ります。

何よりも、いくら本業を頑張ったとしても基本給が劇的に上がったりはしません。評価と報酬の両方が成立しないと、モチベーションを保つことはできません。

では、サラリーマンと比較して不動産投資はどうでしょうか？

自分の物件を評価してくれるのは誰か？　当たり前ですが、パートナーである管理会社と顧客である入居者（入居希望者含む）です。

管理会社や入居者のために、自ら企画立案しそれを実行に移す。この繰り返しです。

これを頑張れば頑張るほど、見ず知らずのお客さんが部屋を評価してくれます。評価が良ければ入居してくれて、ダイレクトに収入につながります。

こんなに面白い投資があるでしょうか？　面白いと思えることができれば、さらに没頭できます。もちろん、自らリスクを負って決断して行動しなければなりませんし、それに伴って責任も発生します。

しかし、この決断に至るプロセスを軽視することなく、自分で試行錯誤することで自分自身を成長させることができるのです。当然、自分で決断したことが失敗することもあります。それすらも経験値を積んだと思って行動するしかないのです。

もし、不動産投資を成功させたいと思うのであれば、成功させるための行動とそのモチベーションを保つための燃料が一体何なのかを自問自答してみてください。

コラム「私の座右の銘」

「三識」という言葉をご存じでしょうか？

戦後に活躍された陽明学者・東洋思想家の安岡正篤《やすおかまさひろ》氏の言った、「知識・見識・胆識の三識が兼ね備わってはじめて人物の器量となる」という言葉からきていています。つまり、本を読んで「知識」をつけ、これに経験と学問が積まれて「見識」になり、さらに実行力が伴って「胆識」となるのです。

不動産投資に限ったわけではないですが、この「三識」は何をするにも通じるものがあると思っています。

私は初心者からよく相談されるのですが、相談内容があまりにも稚拙過ぎるのです。「知識」があればこんな質問はしないと思えるレベルです。「見識」や「胆識」がないのは仕方ないのですが、「知識」は努力次第でいくらでも手に入れられるものです。

ではなぜ「知識」がないのか？　「勉強」していないからです。
ではなぜ「勉強」しないのか？　「覚悟」がないからです。
ではなぜ「覚悟」がないのか？　不動産投資に対する誤解があるからです。

不動産投資は「不労所得」などと言われていますが、決して「不労所得」ではありません。「苦労所得」なのです。
なぜなら、少なからず「勉強」という苦労が発生するからです。

「勉強」しない投資家の末路はどうなるか考えたことはありますか？
業者のカモにされてしまい、最悪のケースは人生に行き詰まってしまうのです。

最近よく耳にするのが、儲からない物件を高く買わされるケースです。不動産業者はおそらく、簡単に「不労所得」が得られるなどと耳あたりの良い言葉で惑わせているのではないかと思います。

投資である以上、自己責任です。勉強せずに楽をしたツケが回っていると思えば納得です。

不動産投資で成功したいなら、まずは「勉強」して「知識」を得ることからスタートしてください。

第2章

なぜ、いま、「田舎」がねらい目なのか？

1 「田舎」に対する勘違い

(1)「田舎」に対するイメージ

「田舎」と聞いて何をイメージしますか?

辺り一面が田園風景で公共交通機関がまったくなく、藁葺き屋根の家が立ち並び、かまどでご飯を炊いて、食料品は買ったりせず自給自足を行っているようなイメージをお持ちではないでしょうか。

そんなベタなイメージどおりの田舎なんて、日本の観光地になっているような所しかありませんから!

田んぼがたくさんあるエリアは数多くありますが、車を飛ばせばスーパーがあり、病院があり、公共交通機関もあり、とにかく車があれば生活できるレベルです。

ベタなイメージの田舎は、限界集落か極端な過疎地だと思いますが、そのような所で不動産投資をするわけではありません。田んぼが見えるような地域でも、需要と供給のバランスの取れる、十分賃貸経営が可能な場所はあるのです。

私は、田んぼの中の物件と山の中の物件を所有していますが、満室経営できています。

（2）「空き家」に対するイメージ

「空き家」と聞いて何をイメージしますか？

高齢の親が亡くなり、遺族が相続したが都会に住んでいるので放置されている家というのが一般のイメージではないでしょうか。

最近では「空き家不動産投資術」や空き家を安く買ってＤＩＹで修繕して貸し出すなどの投資法が流行り、空き家がある地域ではアパートの需要がないのでは？　と思われるかもしれません。

しかし、売りに出される空き家物件は圧倒的に少数です！

所有者が手持ちの不動産を売りに出すのは、不動産仲介業者に依頼するだけですから、簡単なことです。にもかかわらず、空き家物件の売りが少ないのは、売りたくない、売ることができない何かしらの理由があるからです。

田舎の家族・親戚関係は田舎なりのしがらみがあったり、感情論でしか考えられない場合もあったりしますので、空き家はすぐに売られて供給過剰状態になったりするわけではありません。

（3）「田舎」は持ち家ばかり？

田舎のファミリー層は、拡大家族ばかりで昔ながらのお屋敷に住んでいるイメージがありませんか？

確かに、地元民であれば持ち家を持っている層、親と同居している世帯が大半です。

私の地元の富山県では、結婚すると家を建てる風習があるため、日本一賃貸需要のない県だったりもします。

しかし、土地の安い田舎であったとしても、住宅ローンの通らない層もそれなりにいるので、決して賃貸需要がないわけではありません。

住宅ローンが通る層であっても、勤めている会社の福利厚生で借り上げ社宅として借りている場合もあります。

むしろ、法人契約が多い地域もあったりするので、決して需要がないわけではありません。

（4）「田舎」の賃貸需要

そもそも「田舎」に賃貸需要はあるの？　と思われるかもしれません。

確かに、都市部と比較すれば需要は少ないかもしれませんが、需要が少なくても供給がもっと少なければ問題ないのです。

物件の周辺需要を調べて、「需要＞供給」（需要が供給を上回る）の状態かを確認してから投資を行えば良いのです。

もし、供給量が多く激戦区状態でも、物件価格が安ければ家賃を抑えることができるので、家賃や内装で差別化を行えば良いのです。

また、田舎は土地が安いため、大企業が大きな工場を建てたりすることがよくあります。

例えばファスナーやサッシで有名なＹＫＫ株式会社が、「地方拠点強化税制」を利用して本社機能の一部を富山県黒部市に移転したことがあります。東京から約２３０名が異動したことによって、賃貸需要が加熱した事例です。

「地方拠点強化税制」とは、東京23区から地方に本社機能を移転した場合、減税を受けることができる制度です。

つまり、需要があるかどうかを見極めることができれば、少々の立地的不利な環境でも良いのです。その分安く買って、家賃設定を抑えて差別化をすれば問題ありません。

2 アンチ「東京」、アンチ「都会」「都会」以外はみな「田舎」!?

(1) 人口密度から見る田舎の定義

「田舎」や「都会」とはそもそもどのような場所をいうのでしょうか? 実は明確な定義などはありません。私は一種の比喩表現ではないかと思っています。

では、改めて「田舎」や「都会」を定義付けするために、人口密度に着目して考えてみます。

㎢単位の人口密度が1000人を超える都道府県は「埼玉」「千葉」「東京」「神奈川」「愛知」「大阪」「福岡」(以下、「都会」)のみで、その他の地域は圧倒的に人口密度が低いのです。

■図表1 平成27年都道府県別人口密度一覧

	人口(千人)	面積(㎢)	人口密度(人/㎢)
埼玉	7,267	3,798	1,913.4
千葉	6,223	5,158	1,206.5
東京	13,515	2,191	6,168.7
神奈川	9,126	2,416	3,777.7
愛知	7,483	5,172	1,446.7
大阪	8,839	1,905	4,639.8
福岡	5,102	4,987	1,023.1
全国	127,094	372,997	340.7
都会	57,555	25,627	2,245.9
田舎	69,539	347,370	200.2

総務省統計局「2-2 都道府県別人口と人口増減率」を基に著者作成

この「都会」が日本の人口の約半数を占めているため、相対的に他の地域は「田舎」になるかと思います（図表1）。

ただし、「田舎」に分類される地域であっても、県庁所在地の中心街や中心駅周辺は極端に発展していたりするので、局地的な「都会」と言っても良いでしょう。

（2）持ち家比率

図表2を見てください。人口密度から考えると、「人口密度が高いと持ち家比率が低くなり、借家が多く占める」のではないかと考えがちですが、実際はそう単純ではありません。

「埼玉」と「千葉」は、「東京」より人口密度が低いですが、持ち家比率は高くなっています。これは、東京のベッドタウンであることが影響

■図表2　平成20年都道府県別持ち家借家比率一覧

	居住世帯あり住宅数	持ち家数	借家数	持ち家比率	借家比率
埼玉	2,688,000	1,755,100	854,500	65.3	31.8
千葉	2,344,500	1,510,900	740,200	64.4	31.6
東京	5,939,900	2,650,900	2,909,300	44.6	49.0
神奈川	3,612,200	2,066,600	1,357,000	57.2	37.6
愛知	2,764,400	1,599,000	1,083,000	57.8	39.2
大阪	3,685,100	1,951,800	1,575,100	53.0	42.7
福岡	2,034,000	1,090,400	879,600	53.6	43.2
全国	49,598,300	30,315,500	17,769,600	61.1	35.8
都会	23,068,100	12,624,700	9,398,700	54.7	40.7
田舎	26,530,200	17,690,800	8,370,900	66.7	31.6

総務省統計局「社会生活統計指標－都道府県の指標－ 2015」を基に著者作成

していると考えられます。さらに言えば、この2県は人口密度が全国平均を優に超えるにもかかわらず、持ち家比率は全国平均よりも高いのです。ちなみに、「東京」の持ち家比率は全国で最下位です。

一方、「神奈川」「愛知」「大阪」「福岡」も、人口密度の低い周辺地域と比べると持ち家比率が低いですが、突出して低い「東京」と比べると大きな差はありません。

全国的に見ると、持ち家比率は「田舎」より「都会」が低いですが、それでもほんの数％程度です。

つまり、持ち家比率が極端に低い「東京」を除けば持ち家比率は大差なく、賃貸需要は全国的に3割前後存在することになります。

3　不動産投資における「都会」と「田舎」の違い

(1)　土地建物割合の違い

不動産投資において「都会」と「田舎」で圧倒的に違う点は、図表3を見て分かると思いますが、「田舎」の地価が極端に安い点にあります。

「都会」と「田舎」で同額の物件を購入した場合、建物金額は「田舎」の方が多く占め、また建物の規模が大きくなり、減価償却できる金額が多くなります。

「都会」では減価償却を多く取るために売主と土地建物割合を交渉したりすると思いますが、「田舎」ではそのようなことは不要なのです。

図表4は、インターネット上に掲載されていた東京と地方物件の情報から土地建物割合と利回りを調査し、物件価格が2000万円だった場合の比較をしたものです。

比較しやすいように、諸経費は

■図表3　平成28年住宅地の都道府県別価格指数

（価格指数：東京都＝100）

都道府県	平均価格指数	都道府県	平均価格指数	都道府県	平均価格指数
北海道	5.5	石川県	12.6	岡山県	8.7
青森県	4.9	福井県	9.3	広島県	15.8
岩手県	7.4	山梨県	7.6	山口県	7.6
宮城県	10.8	長野県	7.6	徳島県	9.0
秋田県	4.1	岐阜県	10.1	香川県	9.9
山形県	5.8	静岡県	19.9	愛媛県	11.2
福島県	6.9	愛知県	29.7	高知県	9.4
茨城県	9.8	三重県	9.1	福岡県	13.8
栃木県	9.9	滋賀県	14.0	佐賀県	6.0
群馬県	9.2	京都府	30.9	長崎県	7.1
埼玉県	31.9	大阪府	44.4	熊本県	8.3
千葉県	21.6	兵庫県	30.4	大分県	7.4
東京都	100.0	奈良県	15.8	宮崎県	7.4
神奈川県	52.4	和歌山県	10.3	鹿児島県	8.3
新潟県	7.9	鳥取県	5.9	沖縄県	14.2
富山県	9.2	島根県	6.5		

（注）東京都の住宅地の平均価格は332,800円/㎡である。

国土交通省「平成27年都道府県地価調査（基準日：平成28年7月1日）」

■図表4　都会物件と田舎物件の運営シミュレーション

	都会物件	田舎物件
価格	2,000万円	2,000万円
土地建物割合	8：2	6：4
土地価格	1,600万円	1,200万円
建物価格	400万円	800万円
年間家賃	240.0万円	280.0万円
表面利回り	12.00%	14.00%
間取り	1R×6戸	1R×8戸
構造	木造	木造
築	22年	22年
償却年数	4年	4年
〈4年後の総額〉		
家賃総額	960万円	1,120万円
減価償却費総額	400万円	800万円
課税所得総額	560万円	320万円
税金(24%)	134万円	77万円
手残り	826万円	1,043万円
簿価	1,600万円	1,200万円

考慮せず、所有期間は満室、融資を使わずに100%現金購入したと想定します。

立地や入居付けの難易度を別にして比較すると、「田舎」の物件は手残りが多いことがわかります。

しかし、減価償却割合が多いということは、簿価の減少スピードも速いことになり、簿価上は安い土地としての価値しかないことになります。

つまり、「売却額－簿価＝利益」となるため、売却時の利益に対して税金がかかることになります。

また、出口として建物を取り壊して土地として売却すると、収益性としての価値がなくなり、ただの格安の土地となってしまいます。そのため、建物と入居者がいる状態で売却せざるを得ないことになります。

築古物件を購入する際の出口戦略は、あらかじめ所有年数を考えた運営が必要になります。

（2）移動手段の違い

「都会」の主な移動手段は電車です。そのため物件の募集広告には「駅から徒歩○分」の表記が重要視されます。

しかし、「田舎」の場合は車社会なので、駅からの立地はあまり重要視されません。代わりに単身向けの物件では駐車場が必ず1台分必要になりますし、ファミリー向けであれば1部屋あたり何台駐車できるのかが重要視されます。これは、差別化項目と言っても過言ではありません。

繰り返しになりますが、車社会なので車で移動できる距離であれば立地はあまり重要視されません。つまり、立地が悪く移動に多少時間がかかったとしても、何かしらの差別化要因（家賃が安いなど）があれば入居者は許容してくれます。

（3）不動産会社の違い

「都会」の不動産会社は、売買専門の会社と管理専門の会社が分かれていることがよくあります。

しかし、「田舎」の不動産会社は、売買と管理が分かれていることが少なく、おおむね両方の業務を行っています。

そのため、不動産会社から不動産を購入すると売買契約締結時に管理も引き継ぐ契約になっている場合があります。

また、どうしても管理会社を変更する場合は売買決済後に管理委託契約を締結してからでなければ変更できませんし、相応の理由（管理がずさんであるなど）が必要になります。

（4）不動産会社の縄張り意識

人口が数万人程度の小さな市町村では、そもそも不動産会社が少ないため、業者同士で暗黙の了解のように縄張りがあったりします。

そのため、自社の縄張りでない地域の物件を管理したがらない傾向にあります。同一エリア内に不動産会社が1社しかない場合や、大きな不動産会社が幅を利かせている場合は、殿様商売をしている可能性があります。このような不動産会社に管理委託すると迅速な対応ができなかったり、入居者に対するサービスが悪いことがあったりするので注意が必要です。

（5）客付け方法の違い

公共交通機関か自家用車か「移動手段の違い」によって、客付け方法も変わってきます。「都会」では駅周辺に仲介店舗がたくさんあり、ガラス窓に多くの物件情報が張り出されていますが、「田舎」ではこのような光景はあまり見かけません。

お分かりだと思いますが、「田舎」では基本的に歩く機会が全然なく、移動はほぼ車のため、店舗情報による客付けはまったく効果がありません。

そのため「田舎」の客付けは、「スーモ」のようなポータルサイトからの問い合わせが9割以上を占めるため、ポータルサイトに掲載する情報量を多くし、いかに管理会社への問い合わせに繋げるかがカギになります。

しかし、管理会社の経営者が高齢でインターネットに疎い場合や、縄張り意識による安心感によって店頭業務だけの昔ながらの集客を行っている場合があります。このような店舗は集客力がない可能性が高いです。

（6）利用できる金融機関の違い

「田舎」の不動産投資において、融資依頼先としてメガバンクとノンバンクを使う機会はありません。また、使う必要性もありません。

「都会」では、億単位のＲＣ物件を購入する際に、金利の低いメガバンクを利用する方がいるかと思います。しかし、「田舎」ではそもそも億単位の物件がまったくないので、メガバンクを利用する機会がありません。

もし、仮に億単位のＲＣ物件が出たとしても、「田舎」にメガバンクの支店がない方が多いので、使いづらい金融機関となっています。また、遠方のメガバンクを訪ねても融資エリア外と言われてしまうことが多いです。そのため、ＲＣ物件でも地銀に持ち込んだ方が、融資可否にかかわらずスムーズに進みます。

では、なぜ「田舎」でノンバンクを使う必要性がないのでしょうか？

そもそも、「都会」でノンバンクを使う理由は、積算評価のない築古物件を購入するためですが、前述の「土地建物割合の違い」にもあるように、「田舎」の土地建物割合が少ないため、積算評価がないのです。

そのため、「田舎」の金融機関は積算評価を重視した融資を行おうとすると、融資先がなくなってしまうため、「都会」の金融機関と比較すると、収益還元評価のウエイトが大きい傾向があり、それによって融資を決定しています。

特に、「田舎」でも地銀と信金・信組を比較すると、信金・信組の方が収益還元評価のウエイトが大きいため、収益性が良ければ耐用年数を超過した築古物件であっても、フルローン・オーバーローンで融資してくれます。新築物件の案件を持ち込んだ場合は、耐用年数を超過した返済期間での融資も可能です。

また、ノンバンクほどではないですが、信金・信組は審査にかかる時間が短いため、ノンバンクの役割を果たしているのです。

(7) プロパンガス会社の違いについて

「都会」では設備費用を抑えるために、契約と引き換えにプロパンガス会社にさまざまな設備の無償提供をしてもらうことが多いかと思います。代表的なのは、「ガス給湯器」「エアコン」「温水洗浄便座」「キッチン」「TVドアフォン」(立米量に応じてバックマージンを要求する場合もあり) などの設備の無償提供が当たり前になっているようです。

「都会」でこのようなことが起きているのは、プロパンガス業者による顧客の争奪戦が激しいために、行き過ぎたサービスが行われているからです。

しかし、「田舎」ではこのようなサービスは通常行われていません。「田舎」のプロパンガス会社も「都会」の状況は把握していますが、「田舎」ではこのような競争をすることによって市場が崩れることを嫌い、過剰なサービスをしたがらないのです。そのため、物件周辺のプロパンガス会社を調査し、どこまでサービスを受けられるのかを把握する必要があります。

(8)「都会」に比べて「田舎」の物件は利回りが高い

「田舎」の物件の最大のメリットは、利回りが高いことにあります。

利回りが高い理由は先述したとおり、土地が安いことに加えて空室リスクも伴うこと、投資家が首都圏と比べて少ないことが挙げられます。

「都会」で売りに出ている物件を見ると、利回りが相当低いなと思うことが多々あります。しかし、証券会社や銀行が販売している金融商品と比べて利回りが高いので、買う人がいるのではないかと思います。

そもそも、不動産投資は元本保証された金融商品ではなく、リスクが付きまとう投資または事業です。つまり、「田舎」には「田舎」特有のリスク(入居付けなど)があるため、結果的に利回りが高いのです。

しかし、不動産投資はこれだけブームとなり情報があふれているため、リスクヘッジ方法もたくさんあるわけです。

リスクは事前に予期できないものもあるので、幽霊のように怖いと思うかもしれませんが、キチンと勉強すれば事前に手を打つことができます。

そのため、利回りが高い物件を購入しても、事前にリスクヘッジできていれば問題ないのです。

4 「田舎」における人口減少の評価の間違い

(1) 少子高齢化による人口減少について

私はよく地元や東京を問わず不動産投資のセミナーに参加しています。東京のセミナーではあまり言われることはないのですが、地元のセミナーでは講師の先生がこんなことをよく言うのです。

「『田舎』のアパートは少子高齢化で人口が減少し、客付けがだんだん難しくなります。

税収の少ない『田舎』の自治体はインフラ整備にお金をかけられないので、コンパクトシティ化（都市機能を集約して持続可能な都市にすること）されます。

よって『田舎』の地価が下がり、『都会』の地価が高騰します。だから今のうちに『田舎』のアパートは早く売却して『都会』に新築アパートを建てましょう」

果たして本当にそうでしょうか？

図表5は、平成17年、22年、27年の国勢調査結果から都道府県別の人口・世帯数と増減率をまとめたものです。

確かに、都会を除くと人口は減っていますので、講師の言っていることは正しく聞こえます。しかし、世帯数はどうでしょうか？

■図表5　都道府県別人口・世帯と増減率

単位：千人・千世帯

		平成17年	平成22年	平成17～22年増減率	平成27年	平成22～27年増減率
全国	人口	127,768	128,057	0.2	127,095	－0.8
	世帯	49,063	51,951	5.6	53,449	2.8
	うち単身世帯	14,457	16,785	13.9	18,418	8.9
都会	人口	55,601	56,966	2.4	57,555	1.0
	世帯	22,532	24,472	7.9	25,450	3.8
	うち単身世帯	7,391	8,812	16.1	9,636	8.5
田舎	人口	72,167	71,091	－1.5	69,540	－2.2
	世帯	26,531	27,478	3.4	27,999	1.9
	うち単身世帯	7,066	7,972	11.4	8,782	9.2

総務省統計局「国勢調査結果」を基に著者作成

世帯数は一部を除き増加していますし、単身世帯についてはすべての地域で増加しています。おそらく、晩婚化か離婚、単身の高齢者が増加傾向にあると思われます。

つまり、賃貸需要は人口に比例して増えるのではなく、世帯数に比例して増えるのです。単身世帯が増えるのであれば、単身向けの物件を提供すれば良いのです。

だからといって、すべての単身者が「都会」に住めるわけではありません。なぜなら、「都会」の物件は家賃が高いでしょうから。

ならば、車を運転できる若い世代に家賃の安い「田舎」のアパートに入居してもらえば良いのです。

本当に？　と思うかもしれませんが、私の1棟目のアパートで実証できています。

（2）子どもが生まれると生活が厳しくなる？

最近よくニュースで聞く話題として、子育て問題や保育所待機児童の問題が挙げられます。このようなニュースを見ていると、日本全体が待機児童であふれているのかと思ってしまいますが、果たしてそうでしょうか？

待機児童が多いのは「都会」と一部の「田舎」であり、「田舎」の待機児童は比較的少ないのです。

ここで、一番懸念されるのが、「都会」の物件の入居者に子どもが生まれて待機児童となった場合です。

夫婦の収入から賃料を捻出している場合、奥さんが働けなくなると夫の収入に頼ることになります。つまり、最悪滞納に発展する可能性もあるのです。

国税庁による「平成27年分　民間給与実態統計調査」によると、子育て世代を30代前半と仮定した場合の平均給与は397万円（男性451万円、女性307万円）だそうです。

つまり、世帯収入が758万円あっても待機児童の発生により世帯収入が451万円に下がってしまうのです。

待機児童に対するリスクを考えると、「都会」よりも「田舎」の物件の方がリスクヘッジになるのではないでしょうか。

5 「田舎」のライバルはそもそも誰なのか？

（1）田舎における不動産投資のプレイヤーとは

地域にかかわらず、不動産賃貸業（不動産投資）を営んでいる方は実はたくさんいます。

不動産賃貸業は、下記の4種類に分類できます。

・不動産投資家
・不動産会社
・地主系大家
・相続税対策資産家

地域によって、どの不動産賃貸業を営んでいるかの割合は変動しますが、「田舎」では地主系大家の割合が多くなります。

地主系大家と相続税対策資産家は、元々地元に資産を持っているため、融資の通りやすさや物件規模において我々のような弱小投資家には勝ち目はありません。

そのため、持たざる者なりの戦い方をしなければいけません。でも、実は簡単なのです。周辺の物件と差別化を行うだけで良いのです。

なぜなら、地主系大家と相続税対策資産家には高齢の方が多く、賃貸業を管理会社に任せっきりの方が多いからです。現に私の所有物件の売主は、法人を除くとすべてご高齢の地主系大家で、高齢故にアパート経営ができなくなったり、死ぬ前に現金化したいという方ばかりでした。

このような方々が、物件の差別化について積極的でしょうか？　私はいまだかつてそのような方に会ったためしがありません。

(2) 相続税対策の資産家を相手にする必要なし

相続税対策におけるアパート経営と不動産投資は、同じ不動産賃貸業ですが、目的がまったく違います。

そもそも、我々不動産投資家は資産形成を目的としていますが、相続税対策は資産を毀損することを目的としています。

相続税対策のスキームは、資産と負債（アパート建設費用の融資金）で相殺させることと、不動産を相続税評価する際に基準となる固定資産税評価額で評価することにあります。固定資産税評価額は実勢価格より大幅に安いので、現金を所有するよりも資産総額を抑えることができるので、節税効果があるのです。また、ローン返済はサブリース契約（家賃保証）からの収益で行っています。

そのため、相続税対策で始めた賃貸業は、賃貸経営に対して無頓着である場合が多いのです。建設会社も相続税対策であることをいいことに、新築アパートの施工金額を高く設定しているため、結果的に募集家賃も高くなっています。

つまり、不動産投資家ほど諸条件や内装設備による差別化に柔軟な対応がされないため、競争相手にはなりません。

不動産投資家は柔軟に顧客本意の経営を行えば大丈夫なのです。

唯一気を付けないといけないのが、２０１５年に行われた相続税改正によって、新築アパートが乱立している点です。

この乱立によって、特定した地域の賃貸市場が崩れることが懸念されるので、購入予定の物件がどのような地域なのかを把握する必要があります。

(３) 不動産会社の自社所有物件に注意

「田舎」の地域によっては、規模が大きな不動産会社があります。そのような不動産会社では自社所有物件を管理していることがよくあります。

不動産会社が自社所有物件を管理するということは、入居希望者を大家に仲介せずに自社所有物件に入居させることができます。しかも、入居希望者を自社物件に入居させる場合は仲介手数料が発生しないため、入居希望者にとってもメリットがあります。

自社所有物件に優先的に入居させることができるため、賃貸業でも優位に立っています。

賃貸に向く良い物件の仲介を依頼されれば、市場に出すことなく自社で購入することができ、仲介手数料も発生しません。

そのため、大きな不動産会社にはどうしてもかなわないのです。

だからといって大きな不動産会社と付き合わないのではなく、大きな不動産会社は大きくなるに至ったノウハウを持っているので、周辺状況や開発情報を交換するなど味方にすれば良いのです。

6 「田舎」は儲からないなんて言ったのは誰だ？

(1)「田舎」は儲からないと言われているカラクリ

東京で開催されているセミナーの講師は、「『田舎』の物件は積算評価がなく、人口が減少して入居率が悪く危険です。いくら利回りが高くても返済できなくなるので買っては駄目です。利回りが低くても『都会』のRC物件を買った方が、CFが出て安定しますよ」と言っています。

果たして本当でしょうか？

人口が減っているのは間違いないですが、人口ではなく世帯で考えなければいけないのです。

そもそも、儲かって安定するというのは物件個々で判断すべきなのに、全体的に「田舎」は儲からないと言い切っているのは、講師は東京の不動産会社から高いRC物件を買わせたいのです。なぜなら、不動産会社には莫大な仲介手数料が入り、講師にも報酬が入るからです。

つまり、不動産会社からすれば「田舎」の安い物件を仲介しても、「都会」の物件と比べて入ってくる手数料が安いので儲からないのです。

そのため、不動産会社にとって都合の悪い事実を隠し、実際に成約させるために都合の良いことしか言っていないのです。

(2) 本当に「田舎」でも儲けることができるの?

もちろん「田舎」でも儲けることができます。ただし、簡単に儲けることはできません。不動産投資全般に言えることですが、儲けるのは簡単ではないのです。

不動産会社の言いなりになることなく、キチンと自分で勉強して試行錯誤することが前提となります。

■図表6　物件別CF一覧表

	1棟目	2棟目	3棟目	4～9棟目	10棟目	11～12棟目	13棟目
間取り	2DK、3DK	1K	1K	3LDK、2DK	1LDK	2DK	1R、1LDK
戸数	4	8	8	32	12	14	6
現状	4	8	8	31	12	14	6
入居率	100%	100%	100%	97%	100%	100%	100%
家賃／月	145,000	148,400	229,500	1,887,700	606,000	751,000	306,000
諸経費／月	9,800	10,900	32,500	185,400	70,000	37,900	30,600
返済／月	0	38,000	65,700	761,400	233,400	432,900	105,700
CF／月	135,200	99,500	131,300	940,900	302,600	280,200	169,700
固定資産税	104,000	129,600	89,300	608,000	378,600	222,700	230,000
家賃／年	1,740,000	1,780,800	2,754,000	22,652,400	7,272,000	9,012,000	3,672,000
CF／年	1,518,400	1,064,400	1,486,300	10,682,800	3,252,600	3,139,700	1,806,400

（1棟目は売却前のデータ）

そもそもですが、不動産投資における手間と収益はトレードオフの関係です。手間をかけずに簡単に儲けようと思うのであれば、外注費が多くかかるので手残りは少ないです。逆に外注費を抑えて手残りを多くしようと思うのであれば、自分で考えてコストパフォーマンスの良い方法を考えるしかないのです。

図表6は私の実績ですが、入居率は高くキチンと収益を上げています。入居率は自分なりに試行錯誤した結果で、決して管理会社任せにはしていません。

不動産会社は「不動産投資は簡単です。物件購入後は私たちに任せていただければキチンと運営します」と大口を叩いていますが、鵜呑みにしてはいけないのです。

管理会社は抱えている管理戸数が多いので、

淡々と仕事をこなすだけなのです。物件や部屋に応じて苦悩するような対応はしてくれません。

それならば、代わりに自分が苦悩する側に徹するのです。管理会社や仲介会社には仲介して客に内覧させることに集中してもらい、内覧があれば決めてもらえるような部屋を大家が作れば良いのです。

7 「田舎」の都市開発は○○○が行っている？

（1）自治体の都市計画の情報は把握すべし

近年、「田舎」の農業は後継者不足のために、衰退しているのが現状です。そのため、自治体は地域を繁栄させるために、さまざまな都市開発を計画しています。

その際に、自治体がどのような構想で具体的にどのような都市開発をしていくのかを把握すると、客付けが有利になる場合があります。

なぜなら、人口の少ない「田舎」の場合、都市開発によって人の流れが変わってしまうことがあるからです。

例えば駅周辺の開発で、現状は駅の出入り口が1カ所しかなかったとします。これが改善されて、出入り口が線路を挟んだ反対側にもできた場合はどうでしょうか？　今まで駅の構内に入るために回り道をしていたのが改善され、人の流れが変わってしまうのです。

田舎ではこのようなちょっとした開発でも人の流れが大きく変わってしまうのです。

つまり、このような開発をチャンスと捉え、売りに出されているアパートを購入、もしくは事前に土地を仕込んで新築を建てても良いのです。

（2）大型ショッピングモール誘致はチャンス！

「田舎」は土地が安いためか郊外型の大型ショッピングモールや大企業誘致の話がよくあります。

私は2棟目の物件の近くにイオンモールが新規オープンしたことで、従業員向けの需要が高まり、満室になった経験があります。また、私の仲間もイオンモールの新規オープンに合わせて、イオンの社宅規定に準拠したアパートを建てたことで、完成前に満室になったことがあります。

しかも、企業誘致と違い大型ショッピングモールの利点は従業員からの需要だけがメリットではありません。

大型ショッピングモールがあることで周辺地域が活性化するため、住宅が増えていくのです。住宅が増えれば生活に必要な商店が増え、病院などの施設もできてきます。

つまり、自治体が開発計画をしなくても、民間で加速度的に開発されていくのです。そのため、元々は郊外であったとしてもいつの間にか郊外でなくなり、人気エリアになっていきます。

事前に情報を得ていれば、元々は不人気アパートとして安く買って、売却時には人気エリアの物件として高く売ることができ、キャピタルゲインも狙えて一番おいしいのではないでしょうか。

第3章

驚異的なスピードで購入した7つの物件（リアルに学ぶ！）

1　リアル・1棟目の投資の経験

（1）物件経緯

この物件は私の名前の由来となった物件で、超田舎物件です。周りが田んぼばかりの最悪な環境です！　普通なら客付けが大変だと思って手を出さないと思います。

しかし、私は田舎は「デメリット」ではありますが、「リスク」ではないと考えました。地震の発生は「リスク」ですが、地割れがある状態ならば「デメリット」なのです。

田舎は車社会なので駐車場を確保できれば解消できるのではないかと考えたわけです。

とはいっても、田舎の集落ではそもそも需要がないのでは？　と思うかもしれませんが、グーグルマップで調査したところ、田舎な故に土地が安いのか、近くに大きな工場が3社あることが分かったので、従業員向けに営業すれば何とかなると思いました。

さっそく不動産仲介サイトより資料をもらい、ある物件の現地確認を行いました。その物件は少々荒れている印象はありましたが、まともな管理がされていなかったのです。幸いなことに、基礎や外壁などにクラックなどもなく、建物は問題ないと判断しました。

1棟目の外観

1棟目の航空写真（国土地理院提供）

■図表7　1棟目スペック

構造	重量鉄骨造	土地評価額	210万円
築年数	28年（購入当時）	融資機関	現金購入
間取り	2DK、3DK	表面利回り	34%
戸数	4戸（現在売却済）	家賃収入	14.5万円/月
駐車場	5台	CF	13.5万円/月
購入価格	500万円	購入年月	2014年7月
建物評価額	640万円		

確認後、その場で買い付けの電話連絡をしましたが、「物件売り止め」と言われてしまいました。理由はわかりません。

この時、利回り40％を謳っていた物件だったので、非常に悔しい思いをしました。こんなおいしい物件を見つけて簡単に諦められますか？　普通の人なら諦めるかもしれません。

でも私はもう病気にかかっていました。【物件欲しい病】です。物件が欲しい、物件が欲しいとずっと思っていました。それで何をしたかというと、直接売主に電話してみたのです！

実は、事前入手した資料には「社宅」と記載されていました。入居者はいないということになっていました。でも現地確認をしたところ、4戸のうち、3戸に人が住んでいる気配がありました。電気メーターも回っています。

また建物に企業名が記載されていました。ネットで調べて電話をしてみました。すると、まだ売りに出されていると回答が得られたので、翌日その企業を訪問し空き部屋の内覧をさせてもらいました。

結果、内装をきれいにすれば十分貸し出しが可能なレベルと判断しました。

また、すでに3戸の入居者がいます。これを逃す手はありません。そのまま残ってもらうための交渉を行いました。

内装に難有りの状態で残ってもらうには、やはり家賃を安く設定することが一番と判断し、利回りを40％から34％に落として家賃設定をしました。結果、２戸の引き留めに成功しました。

最後に売主側からの提案で不動産会社を通さずに購入することができました。普通の不動産取引であれば仲介手数料が発生しますが、今回は仲介手数料を発生させずに購入することができたので良かったと思っています。

（２）物件購入の恐怖は事前勉強で克服

正直なことを言うと、私も最初の１棟目をこのような田舎から始めるのは不安でした。やっていけるのかどうか判断できなかったのです。

しかし、恐怖というのは漠然と考えるからだんだん大きくなるものですが、「リスク」や「デメリット」に対してキチンと調査し解決策を打てば問題ないのです。

解決策は本を読んだり、先輩大家さんのブログなどを読めば書いてあったりします。

田舎に対しての「リスク」や「デメリット」を調べてみると、ネット上には私と同じように田舎から始めている方がいらっしゃったのです。

その方は、渡辺よしゆきさんという方で山の中の田舎でアパートを購入して運営されています。

田舎での運営に成功されて『新米大家VSおんぼろアパート〝赤鬼荘〟―満室までの涙の240日』（ごま書房新社）を出版されていました。

成功者がいるのであれば、そのやり方を真似れば自分も成功できると思い、恐怖感が和らぎ精神的負担は軽くなりました。特に渡辺さんは初めて大家になるにもかかわらずものすごい行動力で入居付け、トラブル対応をされています。

行動することが不動産投資する上で必要なことだと学び、私も見習って行動するしかない、がむしゃらに頑張りたいと思うようになりました。

（3）お金がなければ自分の時間を切り売りすれば良し

物件をキャッシュで買ってしまったため、修繕費用がまったくなく客付けするためのリフォーム費用が全然ありませんでした。

そこで、なるべく費用をかけないために、休日は必ずこの物件に足を運びDIYを行いました。

当初、私はDIYがそれほど得意なわけではありませんでした。右も左も分からない状態でしたが、これも本を読んだりネットで勉強したりして覚えました。

ホームセンターに行けば何かしら解決するための材料があったりするものです。まず、比較的簡単だったのは窓枠の塗装です。キチンとマスキングをして2度塗りをすれば茶色から白色へきれいに塗装できます。

定番のアクセントクロスは通販で壁紙を注文して張ってみました。仕上がりは悪いですが、何事も挑戦です。キッチンの混合栓も自分で交換しました。2バルブからシングルレバー混合栓に交換です。

さすがに黄ばんだ白系のクロスの張替えは手間と時間がかかりそうだったので、業者に依頼しました。ただし、コストを削減するために、張替えをするのではなくクロス専用の塗装業者に依頼しました。クロスに損傷がなければ塗装で十分です。

自分で行ったのは室内だけではありません。外周りも自分で行いました。雑草だらけだった花壇は雑草を除去し、固まって草が生えなくなる土をホームセンターで購入し見栄えを良くします。舗装されていない地面には大量に雑草が生えるので除草剤を散布する作業も行いました。

（4）客付けできない管理会社を切る！

ＤＩＹで空室を貸し出し可能なレベルにしても、当初はなかなか客付けできず悩みました。

最初に管理を依頼していた不動産会社は、物件から一番近い会社でした。

物件周辺の他の物件も管理していたので問題ないと思っていたのですが、３カ月も客付けできなかったのです。

そこで、違う不動産会社２社に客付けを依頼し、もし満室になったら管理を変更しても良いと言ったところ、１カ月で満室にしてくれたのです。

当初の管理会社にはいろいろ不満がありました。

・管理料が８％（高い！）

・レスポンスが遅い

・客付けの広報は大手ポータルサイトを利用せず人脈や地元会報誌の広告のみ

新しい管理会社に変更したところ、改善されたどころかたくさんメリットがあったのです。

・管理料が5％で一般的な設定
・大手フランチャイズ加盟店
・大手賃貸雑誌の加盟店
・客付けのお願いに行ったときはＷｅｂ掲載のレスポンスが早かった
・代表がとても投資家目線で考えてくれている
・周辺住民や入居者に対する気遣いをしてくれる
・ホウレンソウがしっかりしている

管理会社が違うだけでこんなにも違うものかと当時は驚きましたし、管理会社は物件から近ければ良いというわけではないということを思い知らされました。

2　リアル・2棟目の投資の経験

（1）物件経緯

この物件の経緯は、1棟目の管理会社とは別の客付会社さんに満室になったと報告したことに始まります。

私はまだまだ【物件欲しい病】に侵されています。売買物件を紹介してくださいよ～とお願いしたら出てきました。しかも、指値したわけではなく最初から500万円です。

ちなみに、この物件のことを投資仲間に話してみたところ、うらやましいという意味で「おまえはヤ○ザか！」って言われました。

実はこの物件は非常に特殊な立地にあります。田舎に建っているのは定番だとして、アパートの目の前に線路と踏み切り、隣に墓場、極め付きはアパートの激戦区なのです。

入居状況は全8戸中4戸しか埋まっていません。

外壁はボロボロで、修繕が必要な状態でした。そのため、長期間売れ残り500万円にまで値が下がった物件です。

売主は年配の方で、お金に困っていたそうです。そのため、退去部屋は廃墟のままとなっていました。

そこで、築古アパート再生の腕を見込まれて紹介してもらえたのです。このとき私は1棟目の実績というのは不動産会社を信頼させる強力な武器になると確信しました。

1棟目を買えないでいたときは、不動産会社に軽くあしらわれていました。しかし、築古アパートを満室にした実績があると、こんなに扱いが変わるものなのかと驚いたくらい

２棟目の外観（塗装後）

２棟目の航空写真（国土地理院提供）

■図表８　２棟目スペック

構造	重量鉄骨造	融資金額	800万円
築年数	27年（購入当時）	融資期間	20年
間取り	1K	金利	1.0%
戸数	8戸（満室 執筆時現在）	表面利回り	34% → 36%
駐車場	8台	家賃収入	14.8万円/月
購入価格	500万円	CF	9.9万円/月
建物評価額	700万円	返済比率	25.6%
土地評価額	700万円	購入年月	2015年2月
融資機関	地銀		

です。

ちなみに、どれくらいボロアパートかというと、空き部屋は廃墟と言っても過言ではなく、フローリングは表面が剥がれ、ユニットバスはカビだらけ、キッチンは汚れがこびりついた状態でした。

ここでも私はめちゃくちゃ考えました。激戦区なので家賃は高くできませんし、リフォーム費用を抑えないといけません。しかし費用をかけないと差別化できません。

考え抜いた末、ここまできれいにしました（写真参照）。

洋室は、壁の下半分にOSB合板を張り付けて腰板風にして、さらに天板を取り付けてカウンターにしました。

2棟目の廃墟室内1

2棟目の廃墟室内2

２棟目のキッチン

２棟目のコルクカウンター

２棟目の３点ユニットバス

コンパネやＯＳＢ合板のサイズは１８２０㎜×９１０㎜の板なのですが、これを横に張れば高さ９１０㎜のカウンターです。

実は、この高さが９１０㎜なのがメリットで、天板下に標準的な3段のカラーボックスをぴったり納めることができます。

また、ＯＳＢ合板を張ることでクロスを張る面積を減らし、長いスパンでのコストを下げる作戦です。

写真の部屋は実験的に上半分にコルクシートを張り、掲示板風にして画鋲を刺し放題の通称「コルクカウンター部屋」に仕上げました。

キッチンはダイノックシートできれいに化粧

をして、3点ユニットバスには木製便座や木製ペーパーホルダーを付けました。

これらの作業をＤＩＹで行うことで、費用削減に成功しリフォーム費用は家賃の約8カ月分までに抑えました。

ここまで頑張ったのですが、さすがは激戦区です。なかなか埋まりません。満室にするために頑張って営業しました。客付けするにも行動です。最後の入居者はよく利用していた清掃業者さんで、自分で客付けできました。家賃が安いから倉庫兼事務所として使いたいとの申し出があったのです。

現在2年以上所有して退去は3回発生していますが、その3回とも2カ月以内に客付けできているので、改善すればするほど、入居付けが楽になっています。

（2）評価額が高かったので諸経費と修繕費を含めたオーバーローンに成功

この物件は外壁の状態があまり良くなく、外壁塗装が必要でした。外壁塗装は10年ぐらい前にしていたようですが、上から塗った塗装が剥がれていましたし、外壁のつなぎ目のコーキングもひび割れしており雨漏りの原因になりかねない状態でした。

運が悪いことに、ガス配管から微量ながらガス漏れが発生していたらしく、物件を下見している最中にガス会社が検知器を持って点検作業をしているところに出くわしたことがあります。

仲介してくれた不動産会社もこのガス漏れには気付いておらず、瑕疵担保責任免責条件（建物に瑕疵があっても売主側に責任がない条件）での購入だったので危ないところでした。

そこで、本体価格と比較して評価額が高かったことを利用して、金融機関に諸経費と修繕費用も含めたオーバーローンを交渉し、無事承認されたのです。

また、同時に懇意にしているプロパンガス会社とガス供給契約を条件に配管検査を依頼したところ、ガス漏れをしている箇所を特定することができなかったため、新規に配管工事をすることになりました。

ついでに、塗装の際にガス給湯器の裏側も塗装したいと伝え、予防保全の意味合いも込めて古い給湯器を新品に交換してくれました。

結果、ガス供給切り替えを条件にガス配管と給湯器を新品に交換してもらい、室内のエアコンも故障時は新品に交換してもらうことに成功したのです。もちろん、すべて無償です。

（3）家賃の値上げにより利回り改善

この物件の問題点はボロアパートということだけではありません。前オーナーに経営能力がなかったのか、家賃が周辺相場と比較して異常に安く設定されていました。

しかも、空室は廃墟だったので入居率は良くなく、早急に埋める必要があります。この点については購入当時から分かっていたことであり、物件価格が安かった原因でもあるのですが、これを改善しなければなりません。

まず、空室4部屋の損傷具合を調査し、気合を入れて修繕する2部屋と簡易的な修繕で済ませる2部屋にランク分けを行いました。

気合を入れて修繕する部屋は周辺相場より2千円安く設定し、簡易修繕を行った部屋は4千円安く設定します。最低限の費用と安い家賃で空室を埋めて入退去のたびに周辺相場に戻す戦略です。

そのため、入居者の入退去のタイミングで適切なリフォームを行うことで家賃の値上げ

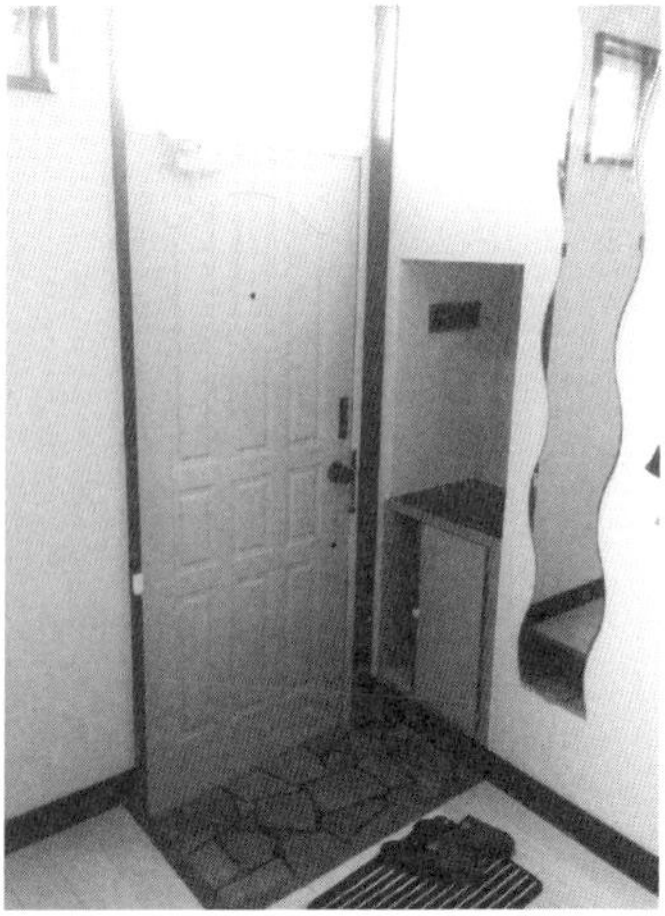

2棟目の玄関

2棟目のナチュラル部屋

に成功し、今のところ利回りは34％から36％に改善しました。

3　リアル・3棟目の投資の経験

（1）物件経緯

この物件は2015年5月にポータルサイト「ａｔ　ｈｏｍｅ」に掲載されていた物件です。当時私はゴールデンウィークで10連休を取得していたので、期間中の平日に見に行った物件です。

実はこの物件は初めから高利回り物件で売りに出されていたわけではありません。最初に掲載されていた情報は、販売価格が１５３０万円、利回り10・58％と記載されていた物件です。

部屋数の割に利回りが低いなと思い、不動産会社からもらったレントロール（家賃一覧）を見ると、現状入居での利回りで表面利回りではなかったのです。

さらに、立地と評価額を理由に指値交渉を行って１０００万円で購入できたので、表面

３棟目の外観

３棟目の航空写真
（国土地理院提供）

■図表９　３棟目スペック

構造	重量鉄骨造	融資金額	1,000万円
築年数	28年（購入当時）	融資期間	20年
間取り	1K	金利	2.1%
戸数	8戸（満室 執筆時現在）	表面利回り	26%
駐車場	6台	家賃収入	22.9万円/月
購入価格	1,000万円	CF	13.1万円/月
建物評価額	530万円	返済比率	28.6%
土地評価額	190万円	購入年月	2015年6月
融資機関	公庫		

利回り26％を実現することができました！

これで1年間で3棟取得したことになります。また、3棟目からは法人をつくり、法人名義で取得しました。3棟目は公庫の「新企業育成貸付」制度を利用することができ、返済期間は20年の条件でした。

ただし、問題点がいくつかある物件です。

①市街化調整区域

②学生向け物件のため、見に行った時期は繁忙期（貸し時）を過ぎていた

③田舎に加えて山間部に建っている（3棟目の航空写真の山の中）

おそらく、①と③で誰も買わないような物件です。しかも、市街化調整区域なので建替えに制限があります。

しかし、私にはそんなことどうでもいいのです。そもそもアパートの建て替えを考えず、満室にして売って利益確定をする計画です。

つまり、回避できるデメリットなのです。

また、メリットもあります。市街化調整区域にメリットなんかあるわけないだろう！と思う人はいませんか？

それは発想の転換で可能なのです。そもそも、市街化調整区域では建物を簡単に建てることができません。

ということは、

「市街化調整区域＝ライバル限定化＋新ライバル出現なし」

という図式が成り立つのです！

それでも、市街化調整区域は開発されない地域だからそもそも需要がないのでは？　と思うかもしれません。

実際には、徒歩5分に大学があり、車で5分の所に大きな工場がいくつもあるエリアです。さすがに立地が悪いので当初は苦戦していましたが、無事満室にすることができました。

（2）ターゲットのニーズ調査

この物件は学生向けのアパートなのでターゲットに合った運営が必要になります。物件を取得した当日に大学の生協担当者に挨拶に行って、学生のニーズについて聞いてきました。

学生は初めての一人暮らしということもあり、セキュリティを気にするそうです。特に学生をターゲットにしたセールスや宗教の勧誘があるそうです。

そのため、設備面でセキュリティ強化をしました。具体的にはＴＶドアフォンとオートロック式の暗証番号キーの取り付けをして、セキュリティをアピールするようにしました。

また、学生向けですのでインターネットは必須です。無料で接続できるようにするために、業者を何社か探して低価格で導入しました。

（3）学生入居者の非常識な行動

ご高齢の売主は内装の一部をセルフリ

３棟目のＴＶドアフォン

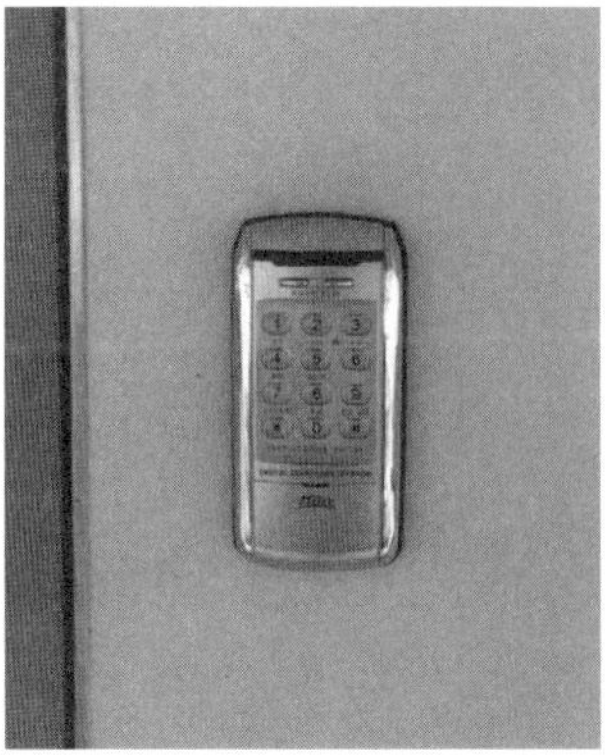

３棟目の電子錠

３棟目のインターネット設備

3棟目のリフォーム後3

3棟目のリフォーム後1

3棟目のリフォーム後2

フォームしていましたが、木部をグレーの塗料で塗るなど非常にダサい内装がされ、玄関土間はグリーンのコンクリート用塗料で塗装されていたのです。素人がそんなセルフリフォームをするくらいなら、何もしない方がマシと思ったくらいです。

この物件を写真のようにリフォームしました。

その甲斐あって、この部屋はすぐに満室になりました。

しかし、問題が出てきました。

家賃滞納の発生です。

大学からの入居者の紹介なので、入居者の審査はまったくしていません。そのこともあって、滞納問題や使用上の問題が頻発したのです。極め付きは学生が共用部である玄関前の通路で塗装作業を行っていたという事件がありました。

また、数日後、その学生の親御さんから部屋の排水が詰まったという連絡がありました。入居者が退去後に確認すると、ユニットバス内で塗装作業をしていたので、赤と青の塗料が辺りに飛び散っていました。

そのため、ユニットバスを全塗装する羽目になりました。

自分で管理しようと思うと、さまざまな苦労があります。安く買えたのが救いですが、手間と苦労が多い物件でした。

（4）学生向け物件は全力で取り組むべし

100％学生向けの物件の需要は入学試験の合格発表直後に発生します。また年度末を逃した場合、ほぼ需要がありません。つまり、繁忙期に空室を埋められない場合、空室は1年間続くことになります。

実は法人で取得した1棟目ということもあり、現金があまりなかったので内装にさほどお金をかけずに募集した結果、初年度の繁忙期では内装を手抜きした部屋を埋めることができず、1年間も空室にしてしまいました。

自分を過剰に評価していたことを反省し、1年間かけて内装を完璧な状態にし、諸条件を見直したところ、無事満室にすることができました。管理会社からは、内覧があれば決められる物件だと好評価を受けました。

学生向けの賃貸の場合、入れ替わりのタイミングで修繕と募集を同時に行わなければならないため、迅速な対応が必要となります。1年間空き部屋にしてしまうリスクを回避するために、内装や諸条件、退去誘導は手を抜くことはできないのです。

4 リアル・4棟目から9棟目（6棟物件）の投資の経験

（1）物件経緯

この物件は同一の敷地内にアパートが6棟も建っているのですが、満室になればこの物件だけで月100万円のキャッシュフローを生んでくれます。

3棟目を仲介してくれた不動産会社から紹介された物件なのですが、相当特殊な物件で

4～9棟目の外観

4～9棟目の航空写真
（国土地理院提供）

■図表10　4～9棟目スペック

構造	軽量鉄骨造	融資機関	信金
築年数	28年（購入当時）	融資金額	1億4,000万円
間取り	3LDK × 16戸	融資期間	20年
	2DK × 16戸	金利	1.5%
戸数	32戸	表面利回り	17%
駐車場	40台	家賃収入	188.7万円/月
購入価格	1億3,000万円	ＣＦ（満室時）	100.1万円/月
建物評価額	4,660万円	返済比率	40%
土地評価額	2,663万円	購入年月	2016年6月

さまざまな条件が一致したため購入することができた物件です。

まず、売主は地元では有名な地主さんで、仲介してくれた不動産会社と付き合いのある方です。融資してくれた金融機関は富山県内で融資に積極的な信金で、信金の近くに物件があり信金も物件についてよく知っています。

もちろん、信金もこの売主さんのことはよく知っていますし、不動産会社とも懇意にしています。

最後に買主である私は築古アパートをメインに投資しているので、投資の実績を説明し納得してもらいました。

普通なら耐用年数切れ築古アパートで1000万円のオーバーローン、融資期間20年なんてあり得ない条件ですが、売主・買主・不動産会社・金融機関の思惑が一致して購入できた物件です。

私はこの物件を購入できて本当に良かったと思っています。

なぜなら、CFが一気に大きくなったことで投資のスピードが急加速できたこと、そして何よりもサラリーマンをリタイアできるだけのCFを生んでくれたからです。

(2) ファミリー向け現代化リフォーム

この物件は築28年の古い建物なので、設備も古いままでした。そのため、現代の設備と比較して競争力がないため、設備交換が必要です。

まず、ガス給湯器を追い焚き対応に交換です。幸い、給湯器の設置場所とユニットバスが近かったため、工事が簡単で費用が安く済みました。ドアベルはＴＶドアフォンに交換です。追い焚きとＴＶドアフォンは人気設備なので、ないわけにはいきません。

また、古い建物なので若干天井が低いため、照明器具を埋め込み式のダウンライトに交換し、圧迫感を軽減させます。

キッチンも一度も交換されていないような古いものであれば交換します。

築古物件は嫌悪感との闘いです。高価な内装や設備は不要ですが、時代遅れなマイナス要素や使い古した感をなくして、内覧客を逃さないようにしなければ機会損失でしかありません。

(3) ペット可物件からペット共生型物件へ

今後はペット可物件ではなく、ペット共生型物件でなければ競争力がないと考えています。

一般社団法人ペットフード協会が発表している「平成28年（２０１６年）全国犬猫飼育

実態調査結果」によると、ペットの飼育促進における阻害要因では「集合住宅に住んでいて禁止されている」が第1位となっています。

そのため、賃貸市場では築古物件の家賃値上げ要因としてペット可物件が増えていくことが考えられるので、競争力を高めるためにペット可物件からペット共生型物件に変更していきます。

ペット共生型とはペットとの同居を許可したペット可物件と違い、ペットと共に生活する上で飼い主の利便性を向上させてペットと生活しやすい環境を提供する物件の

4〜9棟目のペットスペース全体

4〜9棟目のうんちダスト

4〜9棟目の洗い場

ことです。

私の物件でいえば、共用部にペットスペースを作り、ペットの洗い場やうんちダストの設置、内装はデザイン重視だけでなく、ペットを飼いやすい環境にリフォームしています。

特に、洗い場やうんちダストは犬の散歩から帰ってきた際に効果を発揮します。皆さんは、散歩から持ち帰ったうんちを室内に持ち込みたいでしょうか？　部屋に持ち込む前に処分できれば良いと思いませんか？

それだけでなく、散歩後に部屋に入る前に犬の足をきれいにしたいと思いませんか？

そもそも、ペットのうんちは人間用のトイレに流してはダメなのです。

なぜなら、小型犬は別にして中〜大型犬になると人間と比べて大きくなりますし、猫のうんちは毛を含むので分解しにくいからです。

そのため、トイレを詰まらせる危険性があるので、うんちダストを用意して散歩から持ち帰ったうんちや室内のうんちをトラブルなく処分できる環境を提供しています。

(4) ペットのための室内リフォーム

ペットを飼うにあたり、室内で気を付けないといけないのが、和室の存在です。ペットの爪で畳を傷める可能性があるので、和室は極力洋室化する必要があります。

ただ単にリフォームするのではなく、ペットによる損傷やペット自身の怪我を防ぐことを考慮します。

私が行ったリフォームは、床材にペット対応のクッションフロアを使用するようにしました。これによるメリットは、フローリングと比べてペットが跳びはねたときの防音やペット自身の負担軽減、おしっこをした際の耐久性が良いのです。

和室を洋室にする際に面倒なのが、ふすまなどの建具の交換です。ふすまをそのままにしたのでは悪目立ちするので、私の場合は第1段階として木目調のクロスを張り、なんちゃって洋風引き戸にしています。違和感がないのでお勧めです。

ただし、ふすま（板ふすまを除く）は紙を多く使用しているので、耐久性に問題のある建具です。ペットによる破損が考えられるので、第2段階として損傷した際にふすまの修理費用を原状回復時にもらい、その費用を利用して鴨居と敷居をそのまま利用できる洋風引き戸に交換します。

「和室リフォーム本舗」という通販サイトで取り扱っているのでお勧めです。押し入れをクローゼット化する商品もあります。

4～9棟目の洋室化アフター

4～9棟目の洋室化ビフォー

よくペット向けの物件で、壁を上下に仕切って損傷しやすい下部のクロスだけを原状回復時に張り替えて費用削減する手法があります。しかし、私の場合はそのようなことはしていません。理由は2つあります。

1つ目は、下部だけを張り替えると、経年劣化した上部の黄ばみなどが余計に目立ってしまい、結局上部も張り替えることになるからです。

2つ目は、アクセントクロスを使用した際に仕切りがあると、仕切りが悪目立ちするからです。

もちろん、下部のみレンガ調のクロスや木目調にして、仕切りをうまく活用したデザインを考えられるのであればありです。

5　リアル・10棟目の投資の経験

(1) 物件経緯

この物件は「ａｔ ｈｏｍｅ」で見つけたのですが、利回りが高いため取り合いになった物件です。

Ｗｅｂから資料請求したと同時に、仲介会社に電話して情報を聞き出したりして自分をアピールしました。

そのときに分かったのですが、私は2番手か3番手でした。立地が良いわけではなかったので、無理して買うほどではないなと思って諦めていました。

ではなぜ手に入ったのかというと、1番手の融資が通らなかったからだそうです。1番手は東京の人だったのですが、田舎ということもあり融資が通らなかったのでしょう。

そのため、地元で実績のある私に話が回ってきたのです。

ここで、すぐに融資の内諾を取れたので、この仲介会社に物件が買える客であることを認識させることができたのです。

10棟目の外観

１０棟目の航空写真
（国土地理院提供）

■図表 11　10 棟目スペック

構造	重量鉄骨造	融資金額	4,200 万円
築年数	20 年（購入当時）	融資期間	20 年
間取り	1LDK	金利	1.7%
戸数	12 戸	表面利回り	16%
駐車場	20 台	家賃収入	60.6 万円 / 月
購入価格	4, 500 万円	CF	30.3 万円 / 月
建物評価額	2,470 万円	返済比率	38.5%
土地評価額	878 万円	購入年月	2017 年 2 月
融資機関	地銀		

仲介会社に買える客だと思わせることができれば、川上物件（一般市場には公開されていない売り物件）を紹介してもらうことができるようになります。

それで買えたのが、11、12棟目だったのです。

（2）融資金融機関とトラブルに……

この物件を購入するにあたり、6棟物件を融資してくれた信金、物件に一番近い信金、1棟目の管理会社から紹介のあった地銀に融資を打診しました。

打診の結果、どの金融機関もフルローン、オーバーローンでの融資を内諾してくれました。年度末が近かったこともあり、どの金融機関も融資条件が緩くなっていたのでしょう。

その際に選んだのが、一番条件が良かった地銀だったのですが、この地銀とトラブルになったのです。

何があったかというと、担当者は銀行内で融資の承認が得られていないにもかかわらず私に承認されたと伝え、いざ金銭消費貸借契約を迫るもスケジュールを延ばし延ばしにしていたのです。

その後、ついに言い逃れできない状態になったのか、決済の1週間前に承認が得られていないと自白の電話がかかってきたのです。

電話の直後、銀行に急行し担当者の上司、副支店長を交え今後の対応について打ち合わせをしました。結果、頭金500万円を入れれば即融資は可能との返事をもらいました。

不満はありましたが、この条件を呑むことにしました。

なぜなら、金融機関の回答待ちに時間がかかっていたため、これ以上売主を待たせるわけにはいかなかったからです。

一番条件の良い金融機関を選んだつもりでしたが、結果的には一番条件の悪い融資となってしまったのです。

しかし、「人間万事塞翁が馬」という言葉があるように、この選択がどう転ぶかはこの時点では分かっていませんでした……。

(3) 管理会社の管理品質に問題あり

この物件を購入する際に、売買契約条件として仲介会社と管理委託契約することになりました。

売主もこの仲介会社に管理委託していたのですが、売主も気が付いていなかったのでしょう、とんでもない管理会社でした。

まず、購入以前から鳩被害がありワイヤーを使った対策を行っていたのですが、対策が不十分で鳩がすみ着いたままでした。そのため、出窓や共用部が鳩のフンまみれとなっていました。

次に、共用部の蛍光灯が切れていることを指摘した際に、巡回して確認しているのかと追及したところ、「巡回はしていないし、物件に行く用事があったとしても昼間なので点灯していない。わざわざスイッチ操作をして点灯確認していない。入居者から指摘があるまで交換しない」と言うではないですか。

最悪なのが、共用部の非常用照明が故障していることに気が付いていないことです。これは重大なコンプライアンス違反です。

一定規模以上の建物になると建築基準法によって停電時（災害対策）に避難できるようにバッテリー内蔵の照明を設置しないといけないのです。

その非常用照明は建築基準法によって点検報告義務はないのですが、点検義務がありま す。にもかかわらず点灯しない状態を放置していたのです。夜間に火災が発生して死亡事故に発展すればこちらに責任が発生します。

こんな状態は、元ビル管理の仕事をしていた者として絶対に見逃せません！

人命を軽んじている、これほどずさんな管理は初めてでしたので、管理会社を変えるぞと迫ったところ、今まで同業他社がおらず殿様商売をしてきたことを認め、今後はキチンと対応すると反省していたので、最後のチャンスをあげました。にもかかわらず、コンプライアンス違反やミスを繰り返したため、1棟目の管理会社に変更することになりました。

6 リアル・11棟目、12棟目（2棟物件）の投資の経験

（1）物件経緯

これらの物件は、同一の敷地内にアパートが2棟建っていて、10棟目を購入した2週間後に購入しました。

仲介会社は10棟目と同じ会社で、前回の素早い融資実績を認められて紹介してもらえた川上物件です。

今まで購入してきたアパートの傾向と違い、利回りが低く返済年数を短く設定しています。

なぜそのようなことをしたのかというと、市役所の裏に建っているので田舎なのに立地が良いのです。また、積水ハウスが建てた物件なので、浴室乾燥機があり天井の高さや建具のグレードが明らかに違っていたので、築年数が経っていても戦える物件であると判断

１１～１２棟目の外観

１１～１２棟目の航空写真
（国土地理院提供）

■図表 12　11 ～ 12 棟目スペック

構造	軽量鉄骨造	融資金額	6,800 万円
築年数	22 年（購入当時）	融資期間	15 年
間取り	2DK	金利	1.5%
戸数	14 戸	表面利回り	14%
駐車場	26 台	家賃収入	75.1 万円 / 月
購入価格	6,500 万円	CF	28.0 万円 / 月
建物評価額	1,060 万円	返済比率	58%
土地評価額	3,130 万円	購入年月	2017 年 3 月
融資機関	信金		

しました。

これまでは融資期間を長くしてキャッシュフローを取る戦略でしたが、これまで取得した物件のおかげでキャッシュフローにある程度の厚みができました。そのため、この物件については融資期間を短くし、早く完済することで自己資本比率を改善する戦略に方向転換したのです。

自己資本比率とは、自己資本が総資本のうちどれだけの割合を占めているのかを示す値です。計算式は「自己資本（資本金や内部留保など）÷総資本（自己資本＋他人資本）」で計算できます。

しかし、頭金を出す予定でいましたが、信金担当者から諸経費まで出させてほしいとお願いされてしまい、結果的に自己資本比率を悪化させてしまっています。

信金との付き合いを考えると、仕方ないのかなと思いこの条件を呑んでいます。

（2）1週間で融資内諾が出た！

この物件の融資は6棟物件を融資してくれた信金です。

実はこの信金には10棟目の融資もお願いしていたのですが、別の地銀に決めたので泣く泣くお断りしていました。そのため、お詫びの意味も込めてお願いした次第です。

ただし、この物件は私だけに紹介があったわけではなく、仲介会社のお得意様に紹介している物件なので、完全にホールドできていたわけではありません。

そのため、「融資順で決まるので早めにご連絡をお願いします」と伝えたところ、1週間で融資内諾が出たのです！

私の予想では、年度末に出てきた案件なので、売上目標達成に焦っていたのではないかと思われます。

このとき担当者に告知されたのが、与信限度額が2億円なので上限に達してしまったとのことでした。

そのため、もし10棟目の融資もこの信金でお願いしていた場合、この物件を購入することはできなかったかもしれません。

または、この信金からの追加融資は決算を良くして上限を上げてもらわないことには無理ということになります。

(3) 購入して2カ月で火災保険申請！

執筆時現在、この物件を取得してまだ間もないのですが、退去もなくずっと満室で非常に優秀な成績を出しています。本書に記載できるようなネタを提供できないくらいです。

唯一あったトラブルは、ゴールデンウィーク期間中に発生した強風の被害で、隣との境界フェンスが曲がってしまい、修理が必要になったことです。

その修理費用はなんと、67万円！　２カ月分のキャッシュフローが飛ぶ額です。

早速、火災保険を申請した結果、即修理費用が振り込まれました。当然といえば当然です。なぜなら風災対応の保険に入っているからです。この風災によって数年分の保険料の元を2カ月で取ってしまったので、いろいろな意味も込めて本当に優秀な物件だとしみじみ思います。

7　リアル・13棟目（新築アパート）の投資の経験

（1）物件経緯

13棟目は新築アパートです。

この物件は、３棟目を購入してからなかなか物件を見つけることができぬまま、年度末を迎えそうになっていたときに計画しました。

年度末になると、金融機関の融資審査が甘くなるので、どうしても1棟購入したかったのですが、中古アパートが見つからなかったので新築を計画しました。

新築アパートを建てるための土地を探していたところ、自宅から車で5分の所に、周辺相場が坪単価11・5万円の立地で、坪単価4・7万円の格安な土地を見つけたのです。

なぜこんなに安いのかというと、立地は住宅街ですが、地型が旗竿地で隣に線路があるからでした。

ドラッグストアやコンビニが歩いて行ける所にあるので、生活する分には問題ありませんが、家を建てるには敬遠されるような土地です。

このような悪条件のためずっと売れ残っていたらしく、売値500万円から380万円の指値をしたところ通ったのです。どうも売主さんは高齢のため、早く売りたかったようです。結果的に坪単価3・6万円で購入できました。

計画をしたのが2016年2月で、2月末ごろに融資に積極的な地銀に持ち込みました。しかし、1カ月待たされたあげく、運悪く旗竿地を理由に断られてしまったのです。

これによって年度末融資を逃すことになるのですが、やっぱり諦められずに土地の近くにある2つの信金に持ち込んで互いを競わせた結果、非常に好条件で借りることに成功しました。

互いの信金はライバル関係にあったらしく、持って行かれるくらいなら当庫で、という

13 棟目の外観

13 棟目の航空写真
（国土地理院提供）

■図表 13　13 棟目スペック

構造	木造	融資金額	3,100 万円
築年数	新築	融資期間	30 年
間取り	1R、1LDK	金利	1.25%
戸数	6 戸	表面利回り	10.8%
駐車場	6 台	家賃収入	30.6 万円 / 月
建築額	3,000 万円	CF	17.0 万円 / 月
土地購入額	380 万円	返済比率	34%
土地評価額	520 万円	購入年月	2017 年 3 月
融資機関	信金		

思惑が働き、結果的に5年固定、金利1・25%、融資期間30年で融資してもらえました。

土地と建物を安く仕入れることができたので、立地のデメリットを解消すべく家賃設定を築浅物件並みに落としたのですが、それでも利回りは10・8%を確保できています。

入居者入れ替わりのタイミングで家賃設定を上げていけば、おそらく利回り11%ぐらいにはなるかなと思います。

(2) 立地が悪くなく安い土地を探せ!

新築アパートを建てる際に最初に行うことは土地探しです。新築アパートの建売は買いません。なぜなら、建売の金額には販売会社の利益が追加されているため、うまみがないからです。

新築アパートでなるべく利回りを追求するには、土地をいかに安く買うかに尽きます。

周辺相場や評価額より安い土地を見つけることができれば、それが含み益となります。また、アパートを建てた後に売却すれば差額分も回収できるのです。

中古アパートと違い土地は競争になることがあまりなく、戸建ての実需とは面積や立地などの需要が違うため、アパート向きの土地が売れ残ることもあります。

今回建てた新築アパートの土地も実需向けではありません。面積は広いが地型が悪い土地というのは実需などには敬遠されていますが、アパートには関係ありません。土地に合う建物を注文し、デッドスペースは駐車場や物置スペースなどにすれば良いのです。

もちろん、何かしらの制約は付きまといますが、その制約をうまく回避することができれば利回りを上げることができます。

アイデア次第で土地は有効活用できるので、地型が悪いことなど問題ではないのです。

ちなみに余談ですが、建設会社の社長に土地単価を説明したところ、今回購入した土地は社長が今まで建てたアパートの中で2番目に坪単価が安いそうです。すごく安いと驚いていました。

ちなみに1番は地元の先輩大家さんで、耳を疑うかのような安い単価で土地を購入されたとのこと、本当に尊敬しています。

(3) 地元の条例が原因で再設計

建設会社に地型に合う建物を設計してもらい、役所にチェックを依頼した際に発覚したのですが、県条例によって建てられる建物に制限がありました。

条例によると、特殊建築物(共同住宅)の敷地は道路に4メートル以上接しなければばならないのですが、延床面積が２００平方メートル以内であればこの限りではないそうです。

今回の土地の場合、私道の幅は約４・２メートルありましたが、私道の登記はお隣さんＡと持分を50％ずつ所有していたため、市道間口も50％しかないとみなされてしまいました（図表14）。

建設会社はこのようなレアケースは初めてだったのか、この条例を見落としていたので、建物を再設計しなければなりませんでした。

ただ、設計予定の建物の延床面積が２０３平方メートルだったので、少し変更する程度で済んだのは不幸中の幸いでした。

(4)建設時だからこそ思いどおりの仕様が可能！

新築アパートの一番のメリットは、自分の思いどおりの設計ができる点です。醍醐味と言っても過言

■図表14　13棟目の地型

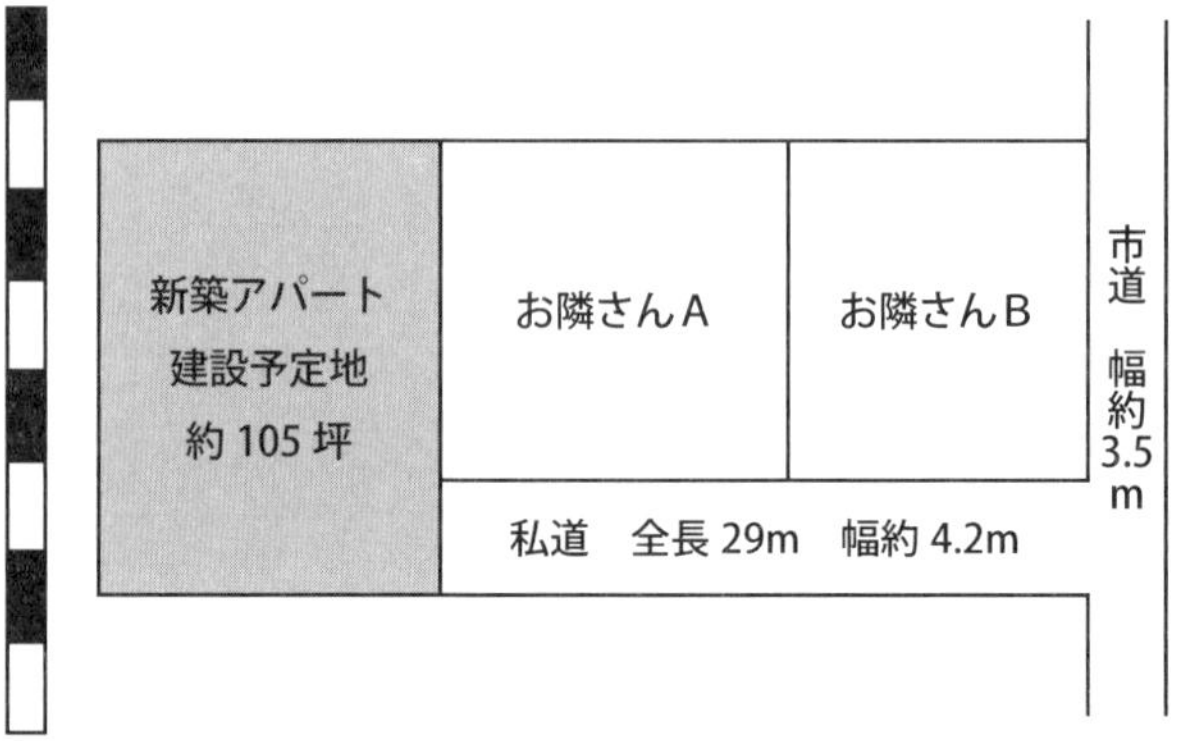

ではないかと思います。

私がこだわったのは、外壁、内装、間取りの3点です。

外壁は通常、窯業系サイディングを使うことが多いのですが、私の場合は金属系サイディングを採用しました。

なぜなら、すぐ隣に電車が走っているので窯業系サイディングを使用すると、電車が走った際の振動でヒビ割れする可能性があるからです。

また、外壁の模様も縦目系のものを採用することで、カビやコケを生えにくくしています（横目模様の場合は雨が降ると目地に水が長時間留まることがあるので、カビやコケが生えやすいのです）。

１３棟目のウッドパネル

内装でこだわった点は、せっかく大工さんや左官屋さんが作業しているわけですから、大工さんや左官屋さんでないと施工できないウッドパネルやＬＩＸＩＬのエコカラットを採用しました。

通常であれば偽物のような柄のアクセントクロスで済ま

す内装部分は、本物の素材を使用することで高級感を出すことができます。また、クロスの面積を抑えることになるので、原状回復にかかる費用も下げることができます。

間取りでこだわった点は、風呂とトイレは必ず洗面所（洗濯機置場）を通る間取りにしている点と、１Ｒの部屋でも必ず玄関と居室の間に玄関ホールを設けて扉で仕切る点です（図表15）。

水周りをこのようにした理由は、居室からトイレを見えないようにしたかった点と、もし自分が住むとしたら風呂に入る前にトイレを済ます習慣があるので、動線が合理的だと判断したからです。

玄関ホールを必ず設けているのは、玄関ホールが風除室の役割を果たすからです。風除室とは玄関扉から居室への外気の流入を緩和するスペース

■図表15　13棟目の間取り

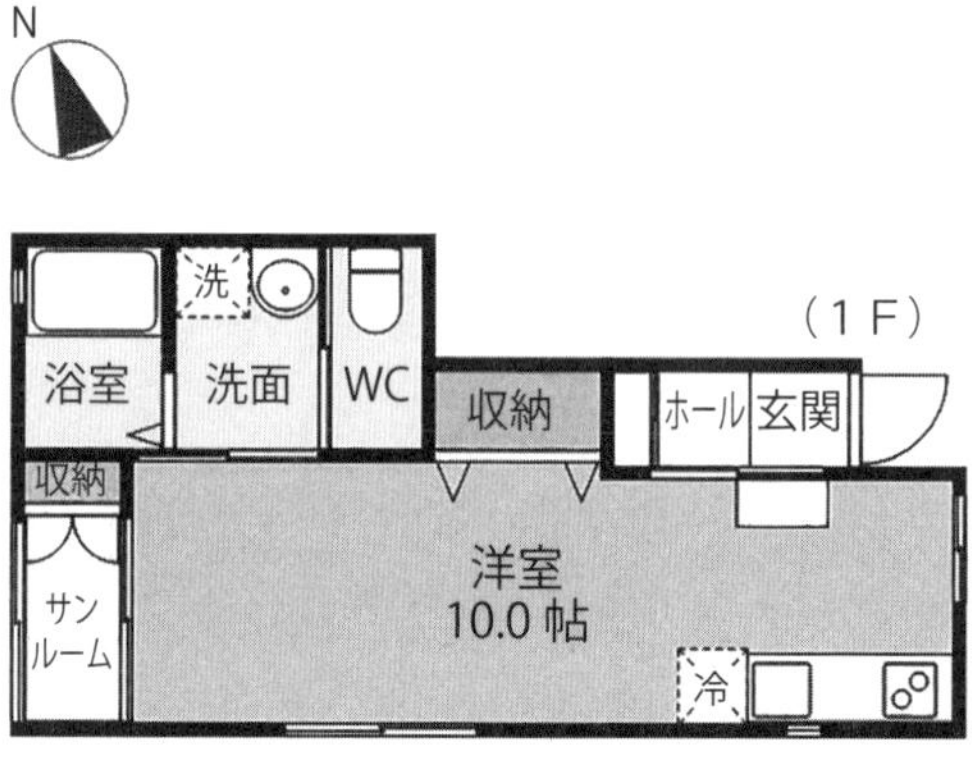

で、ビルやホテルなどの建物によくあります。

過去にとある不動産投資家がこのようなことを言っていました。

「1Rと1Kは家賃に大差ないので、1Kの居室を区切る扉の費用を節約し、1Kから1Rに変更した」

はっきり言うとこれは愚行です。なぜなら、入居者のことをまったく考えていないからです。

大家には入居者に対して安心して生活できる部屋を提供する義務があるはずなのに、自分の懐にしか興味がない経営は独りよがりです。

入居者に対して満足度の高い部屋を提供して長く住んでもらうために、簡単に変えられない間取りは設計段階でよく考える必要があります。

（5）繁忙期を狙う場合は余裕を持って完成させる

このアパートの建設を着工したのが２０１６年12月で、完工は2月中旬を予定していました。ところが、建設工事を開始してしばらくすると、隣の線路の鉄道会社から待った！がかかったのです。

電車の運行の妨げになる可能性があるので、線路を基点として5メートル以内（もちろん敷地内）で工事をするなという理由です。しかも、５メートル以内での作業は専門の資格を持った誘導員を配置しろと言ってくるではありませんか。

もちろん、自分の敷地内なので、鉄道会社に強制力はありません。しかし、万が一ということもあるので、鉄道会社と話し合い、折り合いをつける必要がありました。

その結果、基礎工事後は約３週間工事をすることができず、工事を延期して結果的には完工は３月中旬になってしまったのです。

ここで得られた教訓は、建設工事は外的要因によって工期に遅れが生じる可能性があること。そして、次回以降新築する場合に繁忙期を狙うのであれば、完工は２～３月ではなく１月上旬ぐらいを狙った方が安全だということでした。

（６）運良く募集１カ月で満室に

運悪く工期が延びてしまったがために、募集期間も限られてしまいました。管理会社には工事の途中でも構わないので内覧ＯＫと伝えて募集を開始したところ、なんと募集開始１カ月で満室になりました。満室になるのに３カ月ぐらいは覚悟していましたが、私自身すごく驚きました。

満室後に管理会社に勝因は何だったのかをヒアリングしたところ、やはり家賃設定と内装が良かったので、内覧すれば決まる物件だったと回答してくれました。

今回初めての新築で紆余曲折ありましたが、大成功だったのではないでしょうか。今まで中古アパートで経験した問題や不満を解消した新築アパートなので、自分にとって集大成の物件でした。

しかし、新築アパートは出来上がっている中古アパートと違い、0から1を作り上げるようなものなので、今回の反省点がないわけではありません。いろいろな点で改善したいことが出てきたので、次回の新築アパートに活かせればと思っています。

第4章

田舎大家流不動産投資術
7つの成功法則

1　物件と融資金融機関の探し方

(1) 大前提：どんな物件が欲しいのかを明確に定義する

不動産投資を始める上で重要なのが、どんな物件が欲しいのかを明確にすることです。これができなければ、物件選定の際に優柔不断になり、迷いが生じやすくなります。そのような状態に陥るとリスクが怖いなどと思うようになり、ずるずるとフェードアウトしていくことになります。

1棟目で田舎物件を購入するのであれば、私のお勧めは左記のとおりです。

立　地：1時間以内に現地に行ける範囲
金　額：2000万円以下
間取り：1R、1K、1LDK、2K、2DK
築年数：22年程度（高利回り物件）
部屋数：単身向けなら4〜8部屋程度、ファミリー向けなら4部屋程度

駐車場：単身向けなら部屋数分、ファミリー向けなら1部屋に対して2台分

1棟目というのは誰しもが初めての大家業なので、心配事や不安になることがあります。そのため、1棟目は小型物件をターゲットにして物件購入、募集、修繕などの一連の作業を経験することをお勧めします。

もしかすると、不動産投資自体が性に合わない可能性もあります。その場合、売却して撤退することになりますが、小型物件の方が買い手の間口が広いので売却しやすいのです。

私は初心者に「新入社員に部長の仕事ができますか？」と聞きます。経験のない新入社員は右も左も分からないのですから、まず仕事を覚えることからスタートします。

サラリーマンが通常、新入社員↓平社員↓係長↓課長↓部長とステップアップするのは周知の事実です。

新入社員から係長クラスまでは実務業務が多く、課長以上になると管理業務になります。管理業務ができるのは実務業務を実際にこなし、理解しているからこそ務まるのです。

不動産投資も同じです。大家の仕事を経験していない初心者が、いきなり部屋数の多い物件を購入しても対応できないのと同じです。

ですから、まずは小さく始めて徐々にステップアップすることをお勧めします。

間取りについては、３ＬＤＫのような広い間取りでなければＯＫです。広い間取りがＮＧな理由は、需要が少ない点と家賃が高くなるので住宅ローンと競合してしまう点です。私の物件ではまだないのですが、仲間の物件には家賃を払うくらいなら住宅ローンを組みませんか？　といったチラシが入るそうです。

ファミリー向けで2ＤＫは狭いかもしれませんが、単身者が広い部屋を求めて入居することもあるのでお勧めです。

単身向けで注意しないといけないのが、３点ユニットバスの存在と居室の広さです。田舎では土地が安いので、都会と比べて1部屋あたりの面積が広い傾向にあります。そのため、居室は8畳以上で、３点ユニットバスではなくセパレートタイプが普通です。

１９９０年前後のバブル期に建てられた物件では、土地が高かったのか3点ユニットバスが流行りましたが、現在は敬遠されています。

そのため、現在の築古物件は後から追いかけてくるセパレートタイプの築古物件と戦わないといけないので、３点ユニットバスはなるべく避けた方が良いのです。

ただし、極端に安く購入することができるのであれば、家賃で差別化するかトイレとシャワールームにセパレート工事をすれば良いので、3点ユニットバス物件でも検討する余地はあります。

駐車場は単身向けでも必ず部屋数分必要です。田舎は車がないと生活ができません。学生向けの物件だったとしても、最近の学生は入学してすぐに車を所有するので駐車場は必須です。

ファミリー向けの場合は1部屋あたり2台分ある方が望ましいです。なぜなら、共働き世帯なら、車は2台必要になります。また、2台分あることが差別化要因となるので、入居付けしやすいのです。

ただし、物件の周辺に月極駐車場があるなら駐車場の条件は緩和されますが、駐車場を確保するために空室でも駐車場を借りておかなければならないので、経費がかかることを想定しておかなければいけません。

(2) 物件の探し方

初心者が物件を探す際は、ネットで物件の問い合わせをするのが主になります。「楽待」「健美家」などのポータルサイトに加えて、「ａｔ ｈｏｍｅ」や「不動産ジャパン」などの元売りの不動産会社がよく登録するサイトを確認します。

サイトは最低でも1日1回以上確認してください。良い物件が出た場合は瞬殺になることが多いです。

自分が欲しいと思う物件の条件と多少違う物件でも良いので、片っ端から問い合わせをして不動産会社から情報をもらってください。

条件に合致しなくても、私の3棟目のように利回り計算が間違っていたり、シミュレーションしてみると案外良い物件であったり、指値要因になる情報があったりする可能性があります。

最初から物件を無視するのではなく、問い合わせをして買える要素がないかを考える余地はどの物件にもありますので、情報をもらって精査してください。

収益不動産を意識して売買している会社であれば、一度問い合わせをすればメールで公開前の物件情報を送ってくれることもあります。

ポータルサイトだけでなく、対象エリア内で営業している不動産会社のWebページも確認します。ポータルサイトに登録せず自社ページだけに掲載している不動産会社は田舎の場合よくあるのです。

1棟目の物件を買う際に忘れないでほしいのは、完璧な物件を購入する機会というのはないに等しいということです。完璧を求めると物件なんて買えません。ある程度の妥協は必要なのです。

ましてや、川上物件を紹介してもらえるとは思わないことです。不動産会社の立場になって考えてみてください。実績がなく買えるかどうか分からないような人に優良物件を紹介したいと思うでしょうか？　必然的にお得意様に流れていくのです。

つまり、1棟目というのは不動産会社や金融機関に実績があることをアピールできないので、小型物件で小さく始めないことには金融機関も安心して融資できないのです。

（3）金融機関対策（信用と安心）

金融機関を攻略するにあたり大前提にあるのが、いかに「信用」を勝ち取るのかです。なぜなら「信用」できない人に「安心」して融資できないからです。

特に1棟目となると、実績がない人に融資して大丈夫なのかを判断しないといけないので、金融機関に対して「安心」材料を提示する必要があります。

金融機関の担当者の立場になって考えてみてください。

「赤の他人から大金を貸してくださいと言われて、無条件で貸すことはできますか？」

金融機関の担当者にお願いしているのはこれとまったく同じです。

普通に考えれば、お金もない実績もない赤の他人に融資するなんてできないのです。キチンと返済してくれる保証はどこにありますか？　そもそも赤の他人を信用できますか？

金融機関に融資のお願いをするのであれば、信用してもらうための最大限の努力が必要なのです。

「安心」材料として一番確実なのが現金と実績です。

1棟目を買うのであれば、実績はないので現金を多く用意せざるを得ません。信用を現金で買う状態になります。

また、金融機関の担当者を「安心」させる材料として、不動産投資に対してキチンと勉強していることをアピールしなければなりません。

ただ単に口で勉強していることを説明するのは三流のやることです。行動で示す必要があります。

具体的には、担当者の審査を楽にするために、あらかじめ必要資料を提出するのです。必要な資料は左記のとおりです。

〈購入物件資料〉

・登記簿謄本（土地・建物）

・公図

・公課証明書または固定資産税課税明細書（固定資産税評価額を確認するため）

・路線価図

・マイソク（不動産会社からの物件概要書）

・レントロール（家賃一覧）

・シミュレーション結果

〈個人資料〉

・源泉徴収票、または、確定申告書（3年分）

・頭金と余裕資金が入金されている通帳のコピー

・住宅ローン・マイカーローンなどの返済予定表

・住宅の公課証明書または固定資産税課税明細書（固定資産税評価額を確認するため）

・その他金融資産の所有が分かる資料（株券、投資信託証券、生命保険証券、所有不動

産の謄本など）

〈法人資料〉（法人名義で取得する場合。前記個人資料も提出）
・履歴事項全部証明書
・法人決算書（3年分）
・前月末までの試算表
・代表者の経歴をまとめた資料

〈所有物件資料〉（所有物件がある場合）
・入居状態・収支状態・返済・キャッシュフローを一覧にまとめた資料
・物件を紹介する資料（いくらで購入したか、家賃総額、入居状態、物件の写真など）
・登記簿謄本（土地・建物）
・公図
・公課証明書または固定資産税課税明細書（固定資産税評価額を確認するため）
・路線価図
・最新の収支明細書

・返済予定表

購入物件の情報が出る前に、これらの資料をファイルにまとめたものを複数冊（最低3冊）作っておくのです。

物件情報が出てから作ったのでは遅過ぎるのです。情報が出た直後に金融機関にアポを取って融資依頼しなければならないからです。

個人資料・法人資料には金融資産がどれくらいあるのかが分かる資料を添付することで、金融機関を「安心」させる狙いがあります。

だからといって、各種ローンの返済情報を添付しないようなことは絶対にしてはいけないのです。「信用」を失う行為となります。

(4) 金融機関の探し方

1棟目を購入する際に手っ取り早く金融機関を探す方法は、物件を仲介してくれた不動産会社とつながりのある金融機関を紹介してもらうことです。

実は、2棟目、3棟目、6棟物件は仲介してくれた不動産会社とつながりのある金融機関を利用していますし、10棟目は過去にお付き合いのあった不動産会社に紹介してもらいました。

そもそも、不動産会社と金融機関は強い繋がりがあります。なぜなら、不動産を買う際は現金払いを除けば、融資を受けないと買えないからです。

不動産会社からすると、物件を売りたいので金融機関とコネをつくりますし、金融機関からすれば客を紹介してほしいので不動産会社とのコネをつくります。

持ちつ持たれつの関係がすでに出来上がっているのです。

金融機関の営業担当を紹介してもらうか、最良は不動産会社経由で融資のお願いをすると、金融機関としても融資をむげに断りづらい状態になります。

私はこの関係を利用することで、好条件の融資を引くことに成功しています。

ただし、必ずしも不動産会社と金融機関が繋がっているわけではなく、繋がっていたとしても必ず審査が通るわけではありません。

そのため、自身による金融機関開拓も同時進行で行う必要があるので、複数の金融機関に訪問できるように事前準備しておかなければならないのです。資料ファイルを複数冊作っておくのはこのためです。

攻略する金融機関でお勧めなのは、自宅付近の信金・信組、物件近くの信金・信組、主な営業エリアではない地銀の支店の3つです。

自宅付近の信金・信組がおそらく一番可能性がある金融機関です。そもそも信金・信組には「地域の繁栄を図る」という大義名分があるので、地元の物件であり継続できるだけのシミュレーション結果があれば、審査基準はそれほど厳しくありません。

次に期待できるのは、物件近くにある信金・信組です。私は今のところお世話になっていませんが、10棟目の融資をお願いした際に内諾が出たので、アタックする価値はあると思います。

信金・信組を利用する上でデメリットなのが、エリアが限定される点です。しかし、一度信金・信組から融資してもらえると、エリア外の物件（車で1時間程度の範囲）でも融資してもらえるようになります。2棟物件がこれに該当します。

信金・信組と同程度の容易性があるのが、主な営業エリアではない地銀の支店です。簡単に言うと、隣の県が主な営業エリアの地銀の支店なのですが、この支店の営業エリアは言わばアウェイなのです。

地元の地銀が幅を利かせている中で存在感をアピールしなければならないため、融資基準が緩い傾向にあります。

今までこのような地銀に何度か融資依頼をしてきましたが、断られた経験は13棟目（新築）の1度しかありません。

私が地元の物件にこだわる理由は、まさにこのような金融機関を利用するためです。不動産投資における壁の一つである融資攻略を容易化することで、投資スピードを加速させることが可能なのです。

もちろん、エリアが限定されてしまうデメリットはあります。しかし、私の場合は前職で身に付けた経験を活かすために最初からエリアを地元に絞っていたので、デメリットであることを感じてはいません。

（5）年度末対策は徹底的に

私は10棟目と2棟物件を2017年2月15日と3月1日に購入しました。

なぜこのように立て続けに購入できたのかというと、年度末は金融機関の審査が緩い期間だからです。

金融機関は、普通の企業と同じように利益を追求する法人です（信金・信組は建前上非営利法人）。そのため、金融機関の担当者もサラリーマンと同じように営業ノルマがあります。営業ノルマの達成がボーナスの査定や出世の条件となるので、年度末は1年で一番気合を入れて営業する時期なのです。

私はこの時期の対策を徹底的に行っています。とはいっても、具体的に行っていることは先に紹介したノウハウと同じ金融機関対策で、唯一違うのは1棟目を売却して現金を作っておいた点ぐらいです。

なぜ徹底した対策を行うのかというと、実は13棟目の融資を年度末に持ち込んではみたものの、見事に失敗し1棟も取得できなかった苦い経験があったからでした。キチンと対策を行えば、私のように2週間で2物件購入することも可能なのです。

2　顧客目線を意識した客付戦略

(1)　格安家賃設定

築古物件が立地的不利な場所にあり、入居率が50％程度の物件があったとします。おそらく普通の投資家ならば、手を出さないでしょう。

しかし、このような物件は大幅な指値が可能だったりするのです。指値に応じてもらえなくても、売りに出されてからしばらく放置しておけば、売主が弱気になり値下がりする可能性があります。

このような物件を買い叩いて安く仕入れることができれば、家賃を安く設定し、競合物件と比較して金銭的に魅力のある物件を作ることができるのです。

また、募集の際に「スーモ」のようなポータルサイトに載せるのですが、検索結果は家賃の安い順で表示されるため、自分の物件が最初（ＴＯＰ）に表示されると、閲覧者には心理的にインパクトを与えることができます。

（2）諸条件の見直し

入居希望者が入居するまでにかかる初期費用について分析してみます。

入居時の諸条件で一番気にするのは、おそらく敷金・礼金でしょう。また、他にも不動産会社などに対して支払う費用もあります。入居時の条件が敷金2カ月、礼金0カ月、仲介手数料1カ月とすると、1カ月分の家賃を先払いなので合計4カ月分支払うことになります。

つまり、入居者は入居する際に相当なお金を工面する必要があるので、このハードルを下げることができないかを考えます。

私の場合は、物件が激戦区にある際は、敷金・礼金を0円にしています。敷金はトラブルが発生しなければ、基本的に退去時の原状回復費用にしか使いません。

そのため、敷金は0円にしても優良入居者であれば問題はないのですが、入居者の滞納や夜逃げのリスクは必ず付きまとう問題です。

リスクヘッジとして、必ず入居者と違う世帯の連帯保証人を設定してもらいます。同一世帯の連帯保証人では、収入が途絶えた場合、意味がありません。

どうしても連帯保証人を用意できない場合は、家賃補償保険の加入を条件とします。費用は大体家賃の50％初期費用と月々3％の手数料がかかります。それでも敷金を支払うよりは、家賃補償保険の方が安いといえます。

今のところ、私の実績では滞納はあっても回収できていますし、悪質な滞納や夜逃げは発生していません。おそらく、客付け時に管理会社のフィルターがかかっているからでしょう。

もし仮に夜逃げや滞納が発生した場合、連帯保証人に請求すれば良いのです。

最後にフリーレントも検討します。フリーレントとは入居する際に家賃を無料にする期間のことです。私はあまりフリーレントを表記しないのですが、例えば、入居検討者が入居するまでに期間がある場合、引き留めるために使います。

また客付会社には、もし他の物件と比較して迷っている入居検討者がいる場合には、後押しするために1カ月までならフリーレントにして良いと言っています。

入居検討者にとってもフリーレントはメリットがあります。引っ越しは準備や手続きに時間がかかるので、旧住宅と新住宅の重複期間があると、とても楽に行えるのです。

（3）嫌悪感払拭リフォーム

築古アパートでよくありがちなのが、建設当時の内装がそのまま残っているパターンです。お年寄りをターゲットにする場合は良いかもしれませんが、入居者の間口を広げるためには、若者から好感を得られる内装に変更する必要があります。

しかし、内装工事はそれなりに費用がかかりますし、リノベーションまで行うと回収に何年もかかることが想像できます。

そこで、部屋の中で嫌悪を感じる箇所をリストアップし、嫌悪感の度合いを数値化します。例えば、一番嫌悪を感じる状態をマイナス１００と設定し、普通と感じられる状態を０、一番好感度が高い状態を１００とします。

リフォームする際に、嫌悪を感じる箇所をマイナス１００から50ぐらいに変更することができれば、差し引き１５０の好感度をアップさせることができたといえます。これを順次行い、許される予算内で部屋全体の好感度をアップさせていきます。

ここで、注意点があります。例えば、マイナス１００の箇所を１００にアップさせたとします。すると、全体の時代感がチグハグになり、かえって目立ってしまう場合がありま す。いくら一部の数値が上がったとしても、全体にまとまりがなければ逆効果といえます。

では、どのような内装デザインにすると良いのでしょうか？

よく不動産投資本では派手な柄のアクセントクロスや、建材やコンクリートむき出しの奇抜なデザインを勧める場合が多いのですが、内覧者が中高年の男性だと敬遠されたりします。

つまり、都会で人が多い地域であれば、ターゲットを若者限定にして若者受けするデザインを採用することもできます。しかし、人のいない田舎物件であれば、老若男女問わず入居させる必要があり、無難な内装にする必要があります。

だからといって、白いクロスのみの地味な部屋にしろと言うわけではなく、例えばグレーや木目調などをベースにした落ち着いた内装がいいのです。

内装のデザインを考える際はコンセプトが重要です。万人受けさせたいのであれば無難で落ち着いた内装にしなければなりませんし、男性受け、女性受け、学生受けなど入居希望者に合わせた内装が必要になります。

次ページの写真は3棟目のリフォーム写真です。3棟目のターゲットは芸術学科に通う女子大学生なので、女性受けする内装にした部屋と絵画を飾ることができるギャラリーをイメージした部屋を作りました。

内装デザインをどうしても考えられない場合は、グーグルの画像検索が役に立ちます。例えば、「かっこいい　部屋」と検索すれば参考になる部屋の写真がたくさん出てきます。

（４）人気設備の取り付け

入居者を募集する際、客付会社や管理会社はポータルサイトに掲載します。

昨今はポータルサイトが発達し、スマートフォンで気軽に検索できる環境が整っているため、部屋を探す際はポータルサイトで物件を探し、ある程度絞ってから部屋を決め打ちして内覧する傾向にあります。

３棟目の女性向け部屋

３棟目のギャラリー部屋

そのため、ポータルサイトの検索条件にどのような項目があるのかキチンと把握し、人気設備ランキングを見ながらどのような設備があると好まれるのかを考えます。

ポータルサイトの検索条件イメージ

■図表16　人気設備ランキング2016

順　位	単身向け物件	ファミリー向け物件
1　位	インターネット無料	インターネット無料
2　位	エントランスのオートロック	追い焚き機能
3　位	浴室換気乾燥機	エントランスのオートロック
4　位	ウォークインクローゼット	ホームセキュリティ
5　位	ホームセキュリティ	システムキッチン
6　位	独立洗面台	浴室換気乾燥機
7　位	追い焚き機能	ウォークインクローゼット
8　位	宅配ＢＯＸ	太陽光パネル（入居者個別売電）
9　位	防犯カメラ	床暖房
10　位	24時間利用可能ごみ置き場	防犯カメラ

全国賃貸住宅新聞

人気設備がない物件では検索条件から外れてしまい、その時点でふるいにかけられてしまいます。

逆に、検索条件に関係ない設備を導入して差別化を図ったとしても、目に触れる機会は全然ないと思ってください。少数派に向けた差別化は入れば入居期間は長いかもしれませんが、入るまでの空室期間が長くなる可能性が大きいのです。

図表16にあるように単身向け設備ランキング1位の「インターネット無料」は、もう当たり前の設備と言っても過言ではありません。インターネット設備を提供している業者も何社かあるので、設備導入費用と家賃を比較して検討するといいでしょう。

また、女性をターゲットにするのであれば、防犯カメラも一緒に導入できないか相談してもいいと思います。インターネット設備の業者は大概ネット経由の防犯カメラ設備も取り扱いがあります。「ウォークインクローゼット」や「システムキッチン」は物理的に不可能であっても、家賃などで差別化ができるようであれば必須設備ではないと考えます。

ファミリー向け設備ランキング2位の「追い焚き機能」は、ガス会社と相談してみてください。地域によっては無料で工事してくれるかもしれません（その分、入居者が支払うガス単価が上がりますので、退去要因にならないように調整が必要です）。

無料でなくても、間取りによっては数万円で工事ができる場合もあります。

ファミリー向け物件については、部屋を決める際の決定権は誰にあるのかが重要になります。普通に考えたら奥さんではないでしょうか。

奥さんに決定権があるのに、例えばキッチンが古いとどうでしょうか？　決まりづらいですよね？　女性目線による設備投資が必要になるので、決して独りよがりな設備投資ではいけないのです。

（5）管理会社の選び方

100％客付けを意識して管理会社を選ぶ場合は、フランチャイズに加盟している会社をお勧めします。アパマンショップやエイブルなどが該当します。

なぜかというと、そもそも客付けする際のネットの「間口」から違うのです。

フランチャイズに加盟していない管理会社では、客付け方法のほとんどは、「スーモ」や「ａｔ ｈｏｍｅ」のようなポータルサイトが占めています。

それに対して、フランチャイズに加盟している管理会社は、ポータルサイトに加えて、フランチャイズのＷｅｂページにも掲載しているのです。

そのため、客が自分の物件にたどり着くまでのルートが多ければ多いほど客付けしやすいことになります。

ただし、管理会社の選定基準は客付けだけではなく、管理力や売買物件の紹介を考慮する必要があります。

例えば、立地が良く物件力がある場合、築古で管理力が必要な場合、立地が悪く客付け力が必要な場合、物件を買い増ししたい場合など、物件と管理会社を分析して何を求めるのかを考えて選ぶ必要があるといえます。

（6）学生がターゲットの場合の戦略

学生がメインターゲットの物件の場合、周辺にはたくさんのライバル物件があるので、学生のニーズにマッチした差別化を行う必要があります。

まずは、インターネット（Ｗｉ‐Ｆｉ）は必須だと思ってください。大学のレポートを作成するためだけでなく、スマートフォン回線の通信量制限や速度制限を回避するために必要です。特に最近の学生は、テレビよりＹｏｕＴｕｂｅなどのネット動画を視聴する傾向にあります。

一番効果があるのは家電プレゼントです。私はよく冷蔵庫と洗濯機を「条件付き」でプレゼントしています。

学生は初めての一人暮らしなので、生活家電を手に入れる必要があります。出費が抑えられるのですごく喜ばれます。

中古家電のプレゼントや家電レンタルで良いのでは？　と思われるかもしれませんが、女子学生がターゲットの場合は、中古の家電では衛生上の問題で嫌がる場合があります。そのため、私の場合は新品をプレゼントして、所有権も譲渡しています。これにより、壊れた場合などの責任を大家側が持つ必要もありません。

ただし、不動産業の公正競争規約（景品表示法第31条に基づく協定又は規約）には注意が必要です。景品表示法によって過度なプレゼント企画は法律で禁止され、景品類の限度を記載した公正競争規約が業界ごとに定められています。

不動産業の場合、懸賞の方法によらないで提供する場合（総付景品）は、取引価額の10％または１００万円のいずれか低い額の範囲内とされています。

そのため、大学生の入居予定期間（４年間）の家賃総額の10％または１００万円のいずれか低い額の範囲内でのプレゼントであれば問題ないのです。

通常の賃貸借契約で契約期間（通常は2年）は記載されていますが、この契約期間は強制的なものではないため、プレゼントに関する覚書を別途作成（次々ページ）し、４年間入居することを約束させる必要があります。

私はこの方法に問題がないことを確認するために、弁護士に確認を依頼し、お墨付きをもらっています。

過度なプレゼントは公正取引委員会に目を付けられると思っている投資家がいるようですが、何が良くて何が駄目なのかをキチンと調査して専門家による確認依頼をすればなんら問題はないのです。

コーポ○○入居無料特典に関する覚書

△△　△△（以下「甲」という）と□□　□□（以下「乙」という）は、コーポ○○入居無料特典に関して次のとおり合意した。

記

1　甲は乙に対して下記の設備を提供する。尚、機種の選定は甲が行うものとする。
①冷蔵庫【新品】
②洗濯機【新品】

2　乙は４年以上コーポ○○に入居しなければならない。ただし、途中期間退去にはペナルティはないものとする。

3　乙はコーポ○○を退去する際、提供された設備は乙の責任で処分する。

4　提供された設備が入居期間中に故障した場合、または乙に損害が生じた場合、甲は一切責任を負わないものとする。

以上

本書の成立を証するため、本書二通を作成し、甲乙各自署名捺印の上、各自一通を保管する。

平成　　年　　月　　日

甲　住所
氏名

乙　住所
氏名

3　なぜ、築古投資法なのか

（1）まずは資産性よりもキャッシュフロー（収益性）を追求

不動産投資初期段階の戦略は、物件規模を毎月キャッシュフロー100万円規模までいかに早く到達するかです。RC物件のような資産価値よりも、キャッシュフローを追求しなければなりません。

なぜなら、物件規模を大きくするにもトラブルを解決するにも、キャッシュがなければ対応できないからです。

不動産賃貸業では突発的な修繕はつきものです。自然災害などの外的要因であれば保険で対応できますが、経年劣化はキャッシュで解決するしかありません。

例えば、ファミリー向け4戸のアパートを1棟のみ所有していたとして、毎月の家賃総額は20万円で、返済と諸経費で10万円、キャッシュフローは10万円とします。1戸退去した際の修繕に30万円かかるとすると、その月の持ち出しは20万円になります。

退去があることを想定し、キチンと修繕積立しているのでしたら問題ないかと思いますが、キャッシュがないと金銭的にも精神的にも痛い思いをすることになります。

しかし、同程度のアパートを3棟持っていると話は変わります。毎月のキャッシュフローは30万円なので、その月の手出しがなくなります。

つまり、キャッシュフローに厚みがあれば、毎月のキャッシュフロー内で対応できるようになります。また、対応できるリスクの幅も広がるのです。

（2）低所得者層からの需要がターゲット

築古物件は物件価格が安く、利回りが高いため比較的キャッシュを稼ぐことができます。また、家賃設定もすでに底値のため家賃の下落リスクはなく、低所得者層による需要がありメインターゲットになります。

なぜ低所得者層をターゲットにするのかというと、厚生労働省の調査結果によると、年収400万円未満の世帯は全体の46・5％程度になります（図表17）。住宅ローンは世帯年収の5倍までが基準と言われているので、世帯年収が低い層は賃貸物件に流れてきます。

逆にいうと、年収が多い世帯は住宅ローンが通るので、賃貸物件に流れてきません。

そのため、低所得者を確保しなければいけないですし、低所得者が入れるような安い家賃・諸条件でなければ賃貸需要がないといえます。

■図表 17　平成 28 年　所得金額階級別世帯数の相対度数分布

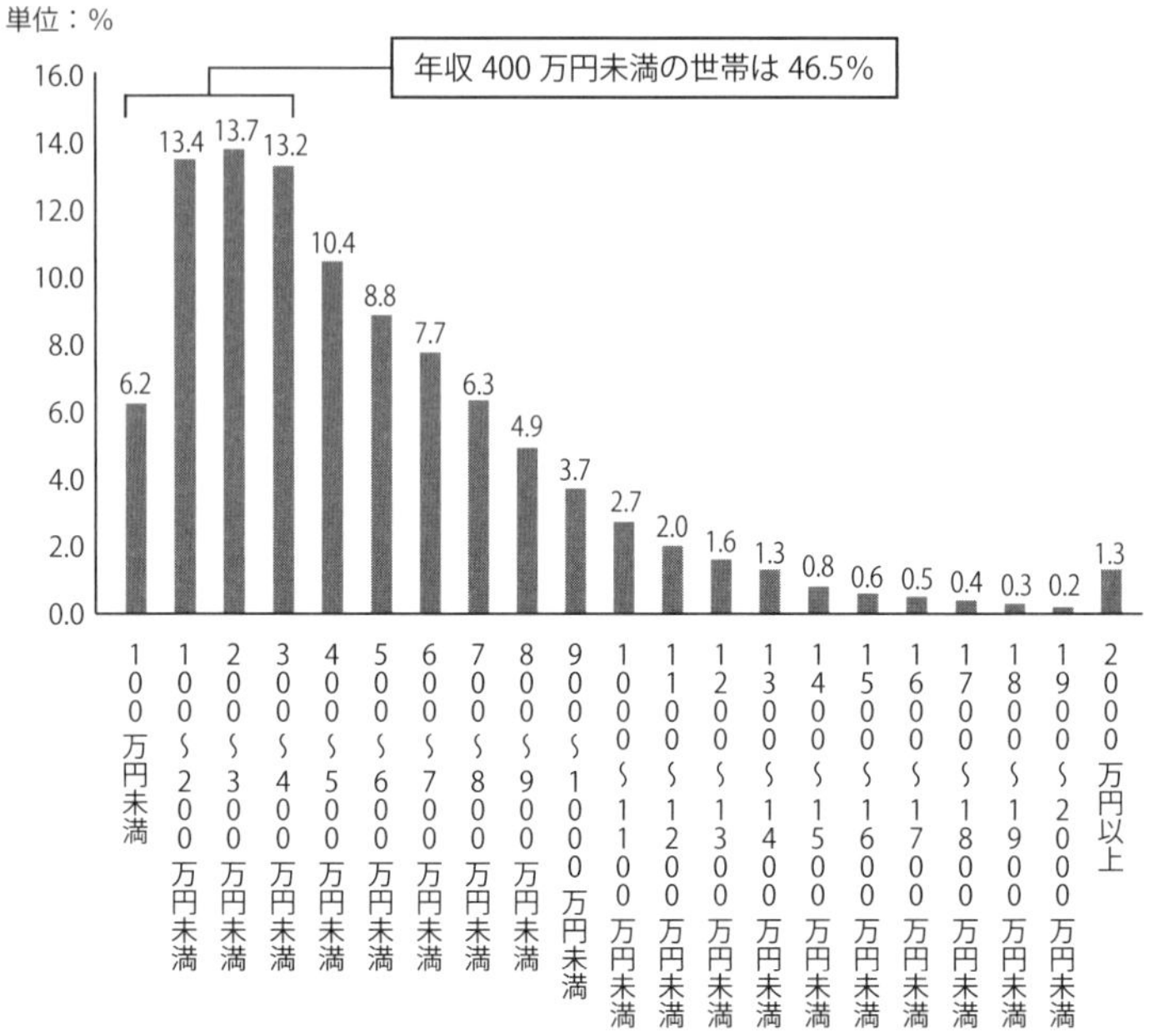

厚生労働省「平成 28 年 国民生活基礎調査の概況」を基に著者作成

低所得者の究極は生活保護者ですが、生活保護世帯も年々増加しています（図表18）。つまり、生活保護世帯からの需要も考えなければいけません。生活保護の家賃補助額の上限は決まっていますし、単身世帯や2人世帯で額が違っています。そのため、生活保護者を狙うのであれば、その地域の上限額を把握しておく必要があります。

生活保護者からキチンと家賃回収できるのかという問題もありますが、地域によっては役所から直接振り込んでもらえるところもあります。その地域であればリスクヘッジできるので入居させることができます。

　また、平成29年10月25日から施行される、新しい住宅セーフティネット法により、低所得者への賃貸住宅などが整備・強化されるため、今後は生活保護者の入居できるハードルが下がると考えられます。

■図表18　平成27年度　被保護者調査 生活保護世帯総数

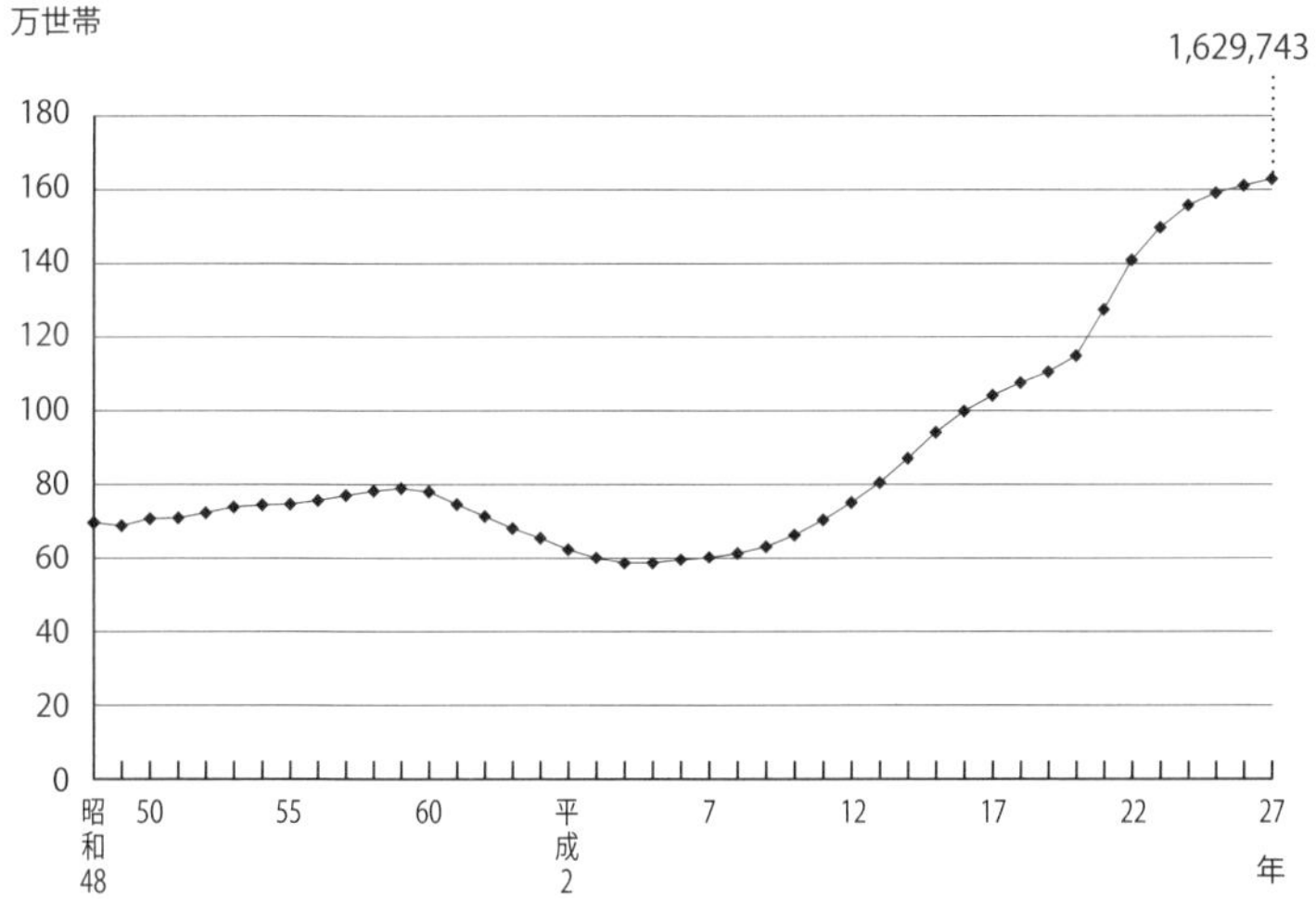

厚生労働省　「平成27年度被保護者調査」を基に著者作成

（3）築古物件の経営はすべての修業になる

私が1棟目で築古を勧める理由の一つは、不動産投資の下積みの経験を一通りできるからです。例えば、どんな会社に入社しても、また自分で事業をするにしても下積みが必要になります。

築古物件は下積みをするのに最適です。特に新築では学べないようなトラブルや修繕が適度に学べると言っても過言ではありません。

トラブルや修繕は発生しないに越したことはないのですが、不動産投資において絶対に発生しないことはないのです。

そのため、いざという局面で瞬時に的確な判断ができなければ、余計にコストがかかったり、最悪致命傷になる可能性もあったりするのです。

リスクヘッジのために新築物件に挑戦するにしても、築古物件での不満点というきっかけがなければ、建築会社に言いなりの粗悪な物件になってしまうのです。

投資に下積みが必要なのか？　と思うかもしれませんが、投資だろうが事業だろうが（たとえ趣味だとしても）、失敗できない大勝負をするには、まず、初期段階で経験値を積んでレベルアップする必要があるのです。

（4）実績は実績を呼ぶ

当たり前ですが、築古物件の経営は新築物件と比べてリスクや手間が多く、客付けや融資の難易度が高いので、物件価格が安く結果的に利回りが良くなります。

初心者の場合は最初の壁になるかと思いますが、築古物件で成功することは金融機関に対して強力な武器になります。なぜなら、実績を積めば積むほど金融機関から信用され簡単に融資が引けるようになるからです。

金融機関だけでなく不動産会社からも信用を勝ち取ることができます。信用を得られれば、物件を紹介してもらえるようになるからです。

そもそも、建売の新築アパートの融資なんて正直簡単なのです。相続税対策で高齢者が融資を引いているくらいですから、そんなものは実績のうちに入らないのです。

不動産投資は物件が担保となるから投資家の手腕なんて評価しないのでは？　と思うかもしれませんが、金融機関にしろ、不動産会社にしろ、人が介在する時点で人は人を評価するのです。

実績がなければ評価されないので、初期段階は実績を作ることを念頭に置いて行動してください。

4　物件売買サイクル

(1) そもそもなぜ物件を売却するのか

不動産投資家の中には、サラリーマンをリタイアすることを夢見て、不動産投資の目標設定を月のキャッシュフロー100万円にしている方が多いかと思います。

キャッシュフローを増やすことに対して頑張っている方は相当多いのですが、物件を売却することに対して消極的な方もすごく多いように感じます。

おそらくキャッシュフローが減ることに躊躇するのだと思いますが、不動産投資の規模拡大のスピードを上げるためには、物件の売却を定期的に行う必要があります。

なぜなら、物件を売却することで、インカムゲインでは味わうことができないくらいの大金が手に入るからです。

私の1棟目は2016年末に1340万円で売却し、キャピタルゲインが800万円ぐらいになりました。

利回り34％の物件を売却するのはもったいないのでは？　と思う方が大半だと思います。

しかし、私の場合はまだまだ規模の拡大をしたいと思っているので、利回りが高い物件は早く満室にして数年程度所有の後、相場価格で売却します。

利益確定をして、その際にできた現金を複数の物件や大きな物件を購入する資金に回した方が、規模拡大のスピードが速いのです。

現に1棟目のキャピタルゲインで得られた大金を、頭金や見せ金にすることで10〜12棟目を即購入し、キャッシュフローは差し引き44・8万円もアップしたのですから、効果は抜群です。

物件を売却することで、金融機関の評価が下がるのでは？　と思うかもしれませんが、売却益を融資金融機関の口座に入れておけば問題ありません。口座残高が多ければ多いほど金融機関の評価は良くなります。

（2）不動産投資のロードマップ

私は不動産投資開始時にロードマップを考えていました。ロードマップを不動産投資開始時に作成しなければ、何を目標に行動しなければいけないのかが不明確になります。

例えば、よくありがちなのが物件を買うことを目標にしている人です。買うだけで目標を達成したと思って満足していては駄目なのです。

物件を買うことが目標ではなく、自分の人生をどうしたいのかが最終目標であり、不動産投資はその手段でしかありません。

また、たとえ不動産投資の個々の段階で目標を達成したとしても、次の目標を想定した行動を起こすことができず、無駄な時間が経過することになります。

私のロードマップは初期段階、中期段階、後期段階に分けて考えています。

多少大雑把過ぎるかもしれませんが、投資家の属性や投資スタイル、経済状況の違いがあるので、各段階の詳細や期間は記載しません。あくまで指標なので、詳細や期間設定は各々で考えていただきたいと思います。

勘違いしていただきたくないのが、ロードマップは自分に強制させるためのものではないということです。

ですから、その時々の自分の状況、家族の状況、経済状況に変化があればロードマップも変化せざるを得ません。

また、不動産投資の経験を積むにつれて、思考や行動力、資産力が変わり、当初作ったロードマップが稚拙なものだと思えるようになれば成功です。

私自身も初期段階は大雑把に5年を想定していましたが、無我夢中に頑張った結果、2年で達成できたので期間はあってないような状態でした。その都度修正することで、経過する時間の無駄をなくすことができます。

〈初期段階（前半）〉

①サラリーマン属性を活かし、小型物件をアパートローンで購入。

②対外的な実績作りに専念（下積み）。

＊初期段階（前半）では個人属性が良い。ただし、現金があるのなら、個人で物件を購入するのではなく法人を作成し、最初から法人名義で購入することをお勧めします。

〈初期段階（後半）〉

①前半で作った不動産投資の実績を基に、法人を作成して法人名義で小型物件を購入。

②法人の実績を作りながらキャッシュフロー月１００万円を目指す。

不動産投資初期段階では個人属性を活かして実績を作ること、ノウハウや経験を積むことを目的とします。

不動産投資は個人で行うより、法人で経営した方が税金や社会保険面で有利です。しかし、無実績の個人が代表を務める法人に金融機関は融資しない可能性が高いため、まずは個人で実績を作る必要があります。

個人で不動産投資を行うのは、あくまでも法人で不動産投資を行うためのステップであり、目的ではありません。そのため、個人で物件を買い進めることはしません。個人所有は1～2棟程度で十分です。

もちろん、銀行に対して安心材料（資本金など）を提供できる高属性で、頭金をたくさん入れるなどすれば最初から法人で経営できる可能性があります。

法人で融資を引ける状態になれば、法人でずっと買い進めキャッシュフロー月100万円を目指します。

この初期段階では安定したキャッシュフローを構築することが目的なので、返済比率や返済期間は問いません。返済期間を長くしてフルローン、オーバーローンが引けるなら、効率良くキャッシュフローを増やすことができます。

〈中期段階〉

①法人の自己資本比率を改善し、40％にすることを目標とする。

②初期段階で購入した小型物件を売却し、新たな物件を購入するための資金源とする。

③キャッシュフロー（収益性）追求型から、資産性を追求するスタイルに変更。

④物件を購入する際は、頭金をたくさん入れ、融資期間を短くする。できることなら現金買いをする。
⑤新築物件を混ぜることで、管理・修繕にかかる時間やコストを削減する。

〈後期段階〉
①法人の自己資本比率をさらに改善し、融資に頼る割合を減らす。または融資に頼らない体制を目標とする。

中期段階では、自己資本比率を改善するために、収益性より資産性を重視するスタイルに変更します。

資産性重視といっても、RCのような資産価値を求めるわけではありません。

初期段階に作ったキャッシュフローに厚みがあるので、今後購入する物件の返済比率が高くても構わず、「元金返済総額＞減価償却総額」の状態にします。減価償却によって減る資産以上に負債を減らすことで、「純資産（資産－負債）」を作ることができるのです。

そのため、元金均等返済（毎月同額の元金返済）を選択し返済期間を短く設定します。

元利金等返済（支払利息と元金返済の合計が毎月同額）を選択してしまうと、元金返済速度が初期段階では遅いため、目的を果たすことができません。

また、利回りが高くない物件をフルローンやオーバーローンで行うと負債が多くなり、キャッシュフローが少なくなるため物件単体で見ると、当然ですがデッドクロス（キャッシュフローから税金の支払いができない状態）になります。

極端な話をすると、デッドクロスが発生したとしても資産を作ることになるので、他の物件のキャッシュフローを利用して税金を納めても良いのですが、資金繰りが悪化するのであまりお勧めしません。

回避方法は減価償却期間を最短の期間で設定するのではなく、シミュレーションを行ってデッドクロスが発生しないように期間を長く設定します。キャッシュフローに問題なければ返済期間より長く設定します。

減価償却期間を調整しても資金繰りが厳しいなら頭金を入れます。頭金を入れるということはすでに元金返済しているのと同じなので、「元金返済総額∨減価償却総額」の状態を維持することができます。

頭金を用意できなければ、初期段階に購入した小型物件を売却し現金をつくることも行います。

自己資本比率とは、自己資本が総資本のうちどれだけの割合を占めているのかを示す値です。この自己資本比率が高ければ優良法人と見なされ、一般的には40％以上ならば倒産しにくいといわれています。

つまり、初期段階では決算書を見れば不安定極まりないと思えるような法人を、優良法人になるように修正していくのです。

自己資本比率が改善されれば金融機関への安心材料となり、有利な条件で融資を引くことができるようになります。

後期段階に突入すると、返済のない物件が多くなります。返済がなくなると家賃のほとんどがキャッシュフローとなるので、さらにキャッシュフローに厚みを増すことになり、現金も貯まりやすい状況下になります。

そのため、物件を購入する際も金融機関に頼る割合が少なくなるので、物件を現金購入するのも難しくないかもしれません。

（3）物件ごとに役割と期間を設定

私は物件を購入する際に、大雑把にですが、所有目的と所有する期間を考えて購入しています。いわゆる出口戦略ですが、私は物件それぞれに「投資としての役割」と「役割の期間」を設定しています（図表19）。

「投資としての役割」とは、物件所有目的がキャッシュフローなのか、資産性なのか、キャピタルゲイン狙いなのかなど、所有物件の全体的なバランスを取るために物件ごとに設定し、役割を果たすまでの期間も設定します。

役割設定を購入段階で設定しなければ、何のための投資なのかが曖昧になり、戦略的な売り時の判断ができなくなります。

「役割の期間」とは、絶対的に守らなければいけない期間ではなく、不動産投資のロードマップを考える上での目安です。

あくまで目安としているのは、不動産の売却金額は氷河期やバブル期などの経済状況に左右されるので、その時々の状況も判断材料として必要だからです。しかし、この期間を設

■図表19　物件の役割と期間

規　模	部屋数（目安）	投資としての役割	役割の期間	所有物件例
小型物件	8戸以下	初期段階：実績作り 中期段階：キャピタルゲイン・売却時の現金狙い	短 （3～5年）	1棟目、2棟目、3棟目、13棟目
中型物件	9～14戸	小型物件、大型物件の補完	中 （5～10年）	10棟目、2棟物件
大型物件	15戸以上	資産形成 キャッシュフローの安定化	長 （10年以上）	6棟物件

定しなければ、デッドクロスに陥る可能性があります。

このデッドクロスを防ぐ（先延ばしする）ために、減価償却費の総額は変更できませんが、償却期間を延ばすことは可能なのです。

つまり、この償却期間の目安にするために「役割の期間」を設定するのです。

5 個人所有から法人化へ

（1）個人に重くのしかかる税金と社会保険料

私はサラリーマン時代に給与明細を見て、所得税や健康保険料・厚生年金（以下、社会保険）が高いなと思っていましたが、個人で不動産投資を行うと、さらに所得税や社会保険料が重くのしかかることになります。

キャッシュフローが少なければ、税金も安いのでは？　とよく勘違いされる方が多いのですが、実は違います。

キャッシュフローはあくまでも「家賃収入」から「ローン返済」と「経費」を除いた額であり、「利益」ではありません。ローンの返済額は経費ではないのです。

■図表 20　個人にかかる税金

・所得税率

課税される所得金額	税率	控除額
195 万円以下	5%	0 円
195 万円を超え　330 万円以下	10%	97,500 円
330 万円を超え　695 万円以下	20%	427,500 円
695 万円を超え　900 万円以下	23%	636,000 円
900 万円を超え　1,800 万円以下	33%	1,536,000 円
1,800 万円を超え 4,000 万円以下	40%	2,796,000 円
4,000 万円超え	45%	4,796,000 円

平成 29 年執筆時現在

・住民税

〈富山県富山市〉

富山県民税：均等割り 2,000 円　所得割率：4%

富山市民税：均等割り 3,500 円　所得割率：6%

※平成 26 ～ 35 年の都道府県民税と市区町村民税の均等割りは、防災対策のためそれぞれ＋ 500 円される。

税額＝所得税額×所得割率＋均等割り

・個人事業税

個人事業主にかかる税金

不動産賃貸業にかかる税率： 5 %

控除額：290 万円

税額＝（前年の課税所得－ 290 万円）×税率

利益とは、「家賃収入」から「諸経費」を除いた額です。そのため、個人で不動産投資を行うと、ローンの返済で手残りがないにもかかわらず、個人にかかる税金が増えてしまうのです。

個人で不動産投資を行うと、サラリーマン所得と損益通算されるため、個人にかかる税金と不動産投資の税金を分離することができなくなり、また累進課税により所得税率や社会保険料のランクが上がってしまうのです。

結果、いつの間にかデッドクロス状態になっているということもあり得ます。

(2) 法人税

法人税とは左記の4つの税金の総称を言います。

地方法人税は平成26(2013)年に施行された税制度で、地方交付税交付金の財源になります。自治体間で税収にバラつきが生まれないようにする目的でつくられた税金で、地方税のように感じますが、国に納税後、国によって交付されるので国税になります。

●【国　税】法人税（法人所得税）
●【国　税】地方法人税

●【地方税】法人住民税
●【地方税】法人事業税

〈法人税（法人所得税）〉
●資本金1億円以上の場合
↓法人税率23・4％（23・2％）
●資本金1億円未満の場合、かつ課税所得金額が800万円未満の部分
↓法人税率15・0％（特例が切れると19％）
●資本金1億円未満の場合、かつ課税所得金額が800万円以上の部分
↓法人税率23・4％（23・2％）

〈地方法人税〉
●税率4・4％

法人税率はその時々の政権によってころころ変わることが多いのですが、執筆時現在（平

成29年7月）は23・4％、平成30年4月1日以降に開始する事業年度は23・2％になります。

資本金1億円未満で課税所得800万円未満の場合は、本来であれば19％ですが、中小企業への特例措置として現在15％になっています。

今のところ期限は平成30年度末までになっていますが、平成28年度末に一度2年間の延長をしているので、この特例措置が一体いつまで続くかは分かりません。

地方法人税の課税標準額は、法人税額になります。

〈法人住民税　例：富山県富山市〉

●富山県民税

・資本金の額または出資金の額が1億円を超える法人、および保険業法の相互会社、および法人税額が年1000万円を超える法人↓税率4・0％

・右記以外の場合↓法人税率3・2％

＊均等割りは資本金に応じて累進課税（最低21000円）

●富山市民税

税率12・1％

＊均等割りは資本金と従業員に応じて累進課税（最低60000円）

法人住民税は地域に法人が存在することでかかる税金で、地方法人税同様に法人税額に対してかかる税金です。

法人住民税は地方税なので、地域によって条件や税率が変わってきます。

〈法人事業税　例：富山県富山市〉

●年400万円以下の所得↓税率3・4％

●年400万円超〜年800万円以下の所得↓税率5・1％

●年800万円超の所得及び清算所得↓税率6・7％

法人事業税とは、法人が事業を営む際に地方自治体の公共施設（道路など）を利用することに対してかかる税金です。

法人事業税は他の税金と違い、次期（納税した日）に損金算入することができます。

（3）比較シミュレーション

巷では不動産投資の法人化は家賃が〇千万円になったらといわれていますが、本当でしょうか？

実際に個人と法人とで比較シミュレーションしてみます。

〈共通条件〉

・富山県富山市在住　単身者　サラリーマン大家

・サラリーマン給与：４００万円

・不動産課税所得：３６０万円

（築古アパート１棟を想定、昨年も同額、青色申告控除済み）

・給与所得控除：１３４万円

・社会保険料控除：64万円

・基礎控除：所得税38万円、住民税33万円

・給与所得：４００万円－１３４万円＝２６６万円

・給与課税所得（所得税）：２６６万円－64万円－38万円＝１６４万円

・給与課税所得（住民税）：２６６万円－64万円－33万円＝１６９万円

〈個人〉

・所得税：（164万円＋360万円）×20％－42・75万円＝62・05万円

・住民税：（169万円＋360万円）×（4％＋6％）＋0・2万円＋0・35万円＝
53・45万円

・事業税：（360万円－290万円）×5％＝3・5万円

合　計：119万円

〈法人〉

【個人分】

・所得税：164万円×5％＝8・2万円

・住民税：169万円×10％＋0・6万円＝17・5万円

小　計：25・7万円

【法人分】　＊100円未満切捨て

・法人税（法人所得税）：360万円×15％＝54万円

・地方法人税：54万円×4・4％＝2・37万円

・法人住民税：54万円×（3・2％＋12・1％）＋2・1万円＋6万円＝16・362万円
・法人事業税：360万円×3・4％＝12・24万円
小　計：84・97万円

合　計：110・67万円

比較の結果、法人の方がトータルで税金が若干安いのですが、法人の場合は税理士に決算を依頼しないといけないので、税理士費用がかかります。

そのため、税理士費用を加味すると今回のシミュレーションは法人でも個人でもあまり大差ありません。

不動産投資の目標がキャッシュフロー月10万円程度なら個人でも構いませんが、リタイアを目標にする規模であれば、最初から法人で運営した方がトータルでコストを低く抑えることができます。

ただし、個人事業主がまったく悪いというわけではなく、個人事業主にも65万円の青色申告控除や個人事業税の控除がありますので、これらの控除をもれなく使うことが手残りを多くするコツになります。

（4）法人のメリットとデメリット

〈メリット〉

①損失繰越控除期間

・個人事業主（青色申告）：３年

・法人：10年

損失繰越控除期間についてです。

この期間は赤字決算をしたあと、その赤字分を何年繰り越すことができるかという期間になります。

青色申告している個人事業主では3年ですが、法人では10年繰り越すことができるので、前年度の赤字を利用して節税することが可能です。

ただし、10年も繰り越していては、たとえ減価償却が原因だとしても銀行の評価は良くありません。ですから、実際には繰越期間は1〜3年程度が限度だと思ってください。

②経費項目の増加

個人事業主では経費にしづらい経費項目も、法人では経費化することが可能です。例えば、生命保険や自動車の維持費についてです。

これについては、のちほど（5）法人活用術で詳しく説明します。

③短期譲渡所得・分離課税の回避

・個人事業で5年以内の売却：分離課税で39％

・法人：売却損益を事業損益と通算

＊法人税がそのまま課税

個人所有の場合は、1月1日を基準として5年経過した場合は長期譲渡となり19％の課税となりますが、5年以内の場合は短期譲渡となり39％の課税となります。

また、分離課税というのは賃貸業の赤字と損益通算できないので、売却益に対して課税されます。

長期譲渡の19％まで待って売却できない場合は、法人で取得した方が良いことになります。

ちなみに、売却益というのは売却額から購入額を引いた額ではなく、簿価（償却後の額）

を引いた額になりますので、注意が必要です。

〈法人化のデメリット〉

①設立費用がかかる

合同会社の設立費用は司法書士に依頼すると約10万円かかります。依頼せずに自分で役所を回って手続きすると4～5万円程度で済みます。

②税理士費用がかかる

自分で記帳した場合は、1カ月1・5万円×12カ月決算10万円程度で済みます。

③赤字決算でも法人住民税（均等割り）がかかる

税理士費用と均等割りについては法人税で説明したとおりです。

④役員報酬を変えられない

例えば年度末に利益がたくさんあったとしても、月額の役員報酬やボーナスを勝手に増額することはできません。

そのようなことをすると、租税回避行為となるので経費とすることはできません。逆に業績が悪くて減額することはできます。

役員報酬の変更は期首から原則3カ月以内に行う必要があります。

⑤私的なことにお金を使えない

法人のお金ですので、建前上は私物を購入することはできません。あくまでも業務に必要なことにしかお金を使うことができません。

個人事業主は「事業主貸」「事業主借」という勘定科目でお金の出し入れは簡単ですが、法人はそういうわけにはいきません。

⑥社会保険の加入

法人から役員報酬をもらう場合は社会保険の支払いが発生します。つまり、給料を出す額が多くなれば、それだけ社会保険料を支払う必要があります。

これについての回避方法は、次の（5）法人活用術で説明します。

（5）法人活用術

①自動車の減価償却

ちょっとした会社の社長が、ベンツなどの高級外車に乗っていることがあるかと思います。実は見栄のためではなく、減価償却による節税のために仕方なく乗っていることがよくあります。

自動車を法人名義で購入することで、自動車購入費用は資産計上するので、減価償却することになります。

自動車の耐用年数は6年ですが、3年10カ月以上経過した中古車を購入し、定率法で償却すると、償却年数は2年となり、2年償却は償却率が100%となるため、実質1年間で償却が可能なのです。

・耐用年数＝（6年－3年10カ月）＋3年10カ月×20%
＝（26カ月＋9・2カ月）÷12カ月
＝2・9333年↓2年（端数切捨て）

ただし、償却終了後簿価が1円になったタイミングで売却すると、売却益がそのまま法人の利益となります。そのため、黒字決算時に売却するのではなく、赤字決算のタイミングで売却して赤字を埋める手段として売却することをお勧めします。

自動車の維持管理にかかる費用も個人事業主と違って、100%経費計上しても監査で突っ込まれることはありません。

この方法を応用すると、クルーザーやヘリコプターを購入して同様の減価償却をすることも可能です。

購入目的は福利厚生やレンタル事業をするという名目にします。

②保険（生命保険など）の経費化

生命保険を法人で契約することで、保険料を経費として計上することが可能です。ただし、生命保険もいろいろな種類があり、種類に応じて経費化できる割合と資産割合、解約返戻率が違うため、保険会社と税理士に相談する必要があります。

③中小企業倒産防止共済（経営セーフティ共済）

中小企業倒産防止共済（経営セーフティ共済）とは、独立行政法人中小企業基盤整備機構が運営する共済です。

本来の共済目的は、取引先が倒産して売掛金が回収不能になった時に連鎖倒産しないように、掛け金の10倍までの額を無利子、無担保、無保証人で貸し付けてくれます。

この共済のメリットは、掛け金が全額損金として計上可能で、解約手当金は40カ月以上かけていると支給率が１００％となります。

そのため、実質的に修繕積立金を損金で積み立てすることが可能になります。期末に利益がたくさんある場合は、掛け金の1年以内の前納ができます。

＊参考：中小企業倒産防止共済（経営セーフティ共済）

http://www.smrj.go.jp/kyosai/tkyosai/index.html

④出張旅費規程

出張旅費規程とは、出張にかかる諸経費の取り扱いを定めた社内規程です。規程のない法人は、出張にかかる経費は実費精算となります。しかし、前もって規程を作成することで、交通費を実費にするのか定額支給するのか、日当を支給する場合はいくらなのかを定めることができます。

この日当は出張旅費として経費計上できるため節税効果があり、なにより法人から個人へお金を移す口実となります。

ただし、日当の金額がいくらでも良いわけではなく、世間一般と乖離がある場合、税務監査で指摘される場合があるので事前に税理士と相談して決める必要があります。

⑤社宅

自宅が借家の場合、法人名義で賃貸借契約して、法人の社宅とすることができます。役員に又貸しすることで、法人が支払う家賃と役員から受け取る家賃の差額を経費化できます。

経費にできる割合は家主に支払う家賃の50％程度です。

＊参考：国税庁　役員に社宅などを貸したとき

https://www.nta.go.jp/taxanswer/gensen/2600.htm

⑥役員借入金

役員借入金とは、役員からの借入金を金融機関からの長期借入金と区別するための負債勘定です。

この勘定科目が大変便利な点は、まず借入と返済が自由であることです。帳簿に記載するだけなので、いつでもＯＫです。

このお金は法人のお金ではなく、あくまでも役員のお金なので、ある程度自由に出し入れが可能です。

そのため、役員借入金の利便性を利用して立替金のプール先にすることができます。

例えば、ちょっとした文房具などをコンビニで買う場合、わざわざ法人の現金を金庫や口座から出して購入するのは面倒です。

そこで、役員のポケットマネーで立て替えて帳簿上は役員から借り入れたことにすることで、立て替えたお金を役員借入金にプールしておくのです。

ある程度貯まったタイミングで法人が役員に返済することで実務的な手間を省くことができます。

法人住民税の節税効果もあります。

役員から1000万円以上の資本金を出すと、法人住民税の税率のランクが上がってしまいます。また、出資のタイミングで資本金に対して0・7％の税金もかかります。

そこで、資本金を1000万円にするところを資本金500万円、役員借入金500万円とすることで税率を下げることが可能です。

資本金が1000万円もないから大丈夫と思うかもしれませんが、個人事業主から法人成りする際に現物資本として所有物件を出す場合に気を付けなければいけません。

現物出資するのではなく、役員から法人に売却してその代金を役員借入金として計上することで資本金の増額を回避できます。また、現金を動かすことなく法人に物件を渡すことができます。

役員借入金の残高がたくさんある場合は、役員報酬の代わりとして返済名目で役員にお金を渡すことができます。もし仮に役員から法人に物件を売却して役員借入金がたくさんある場合を想定してください。

役員報酬を支払うと役員に対して所得税や社会保険料がかかってしまいます。役員報酬として支払うのではなく役員借入金の返済とすれば、あくまでも役員個人のお金を返済したことになるので、税金はかかりません。

最後に重要なのが、金融機関は役員借入金を資本金として評価します。本来であれば資本金が多い方が社会的に信用されますが、金融機関からすると役員のお金を法人に入れているわけなので実質的に資本金だと判断する金融機関が多いです。

そのため、負債勘定ではありますが、実質的には役員借入金は資産だと思ってください。

デメリットですが、役員借入金はあくまでも役員個人のお金なので、役員が亡くなった場合は相続税の対象となります。

⑦社会保険料の節約

社会保険の大前提ですが、所得（給料）に応じて累進課税となっています。

特に国民健康保険は、誰もがまったく同じサービスを受けることができるのに所得が多い人ほど保険料を多く支払っています。

そのため、所得が少なければコスパが良く、多ければコスパが悪いといえます。

サラリーマン大家であれば、勤め先の社会保険を使用すれば問題ないですが、リタイアした後の社会保険をどうするかを考えなければなりません。

まず、個人事業主の場合は国民健康保険と国民年金を支払わなければなりません。

この場合、家賃収入から経費を除いた額が個人の所得となるので、強制的に社会保険が高くなってしまいます。

これを回避するのが法人です。

法人の場合は、役員報酬に応じて国民健康保険と厚生年金を支払うことになります。

また、社会保険料は法人と個人と折半になるので、実質半額は法人経費です。

ただし、役員報酬を多くすると保険料も多くなるので、やみくもに報酬を出すわけにはいきません。

そこで、法人からの役員報酬を数万円程度にして社会保険料を抑えます。

しかし、数万円では生活ができないので、法人の物件の管理（巡回や清掃業務）を個人事業主としての自分と業務委託契約をするのです。

つまり、業務委託料として個人に支払うことで社会保険料を発生しないようにしています。

これにより、建築物管理業（事業所得）となるので青色申告控除の65万円を取りこぼすことなく使えます。またサラリーマンの給与所得控除も使えるので節税になります。

6 リスクは保険でカバーできる

（1）火災保険は最高のリスクヘッジ手段

不動産投資を怖がっている人によくありがちなのが、大金を借りて買った物件が火事や地震でなくなったらどうしよう、という思考をしていることです。

私からすると、そんな分かりきったリスクはいくらでも火災保険でリスクヘッジできるので、全然怖くありません（図表21）。

考えられるリスクなんて分かりきったことなのですから、いくらでも事前に手を打つことができるのです。

例えば、自分自身がガンになったらどうしよう、と考えたときに、誰もが生命保険に入ると思います。これと同じことです。

どのリスクがどうリスクヘッジできるのかをキチンと分析すれば、怖くなることはありません。

ただし、火災保険でカバーできる修理は、外的要因による事故となります。経年劣化の修理は対象外となるので、経年劣化対策は事前に備える（積立金など）必要があります。

（2）火災保険でカバーすべき事故と特約

■基本的な事故の種類

・火災、落雷、破裂または爆発

・風災、ひょう災、雪災
・水災
・水濡れ
・盗難
・破損、汚損

■必ず追加した方が良い特約

・地震保険
・施設賠償責任特約
・諸費用（見舞金）特約
・原因調査費用特約
・電気的・機械的事故特約

①火災保険の加入ポイント

火災保険で加入すべきポイントは、基本的な事故の種類をすべてカバーし、かつ関係する特

■図表21　火災保険の利用実績

年　月	物　件	事故の種類	修理費用	保険金	事故内容
2015/8	1棟目	施設賠償責任	2万円	2万円	駐車場グレーチングの角で入居者の車のタイヤがパンク。
2015/9	3棟目	破損	30万円	30万円	融雪用井戸が破損。犯人不明。
2016/5	3棟目	破損	3万円	3万円	雨樋配管が破損。犯人不明。
2016/7	1棟目	風災	80万円	90万円	強風で屋根瓦がズレたことにより、雨漏り発生。
2017/3	9棟目	水濡れ	50万円	56万円	2階部屋のユニットバス排水管から漏水。 ユニットバスの床下が腐食して穴が開き、1階部屋へ被害。 ユニットバスを丸ごと交換修理。
2017/5	12棟目	風災	67万円	74万円	強風によりフェンスが倒れる。
2017/7	10棟目	落雷	157万円	173万円	落雷により受水槽ポンプ故障。

約にも入っておくことです。

多少保険料が高くなったとしても、事故が発生すれば数年分の保険料を回収できることが多々あるのです。

特に風災は頻繁に発生すると思ってください。春になるとよく強風が発生しますが、風を原因とする事故というのは予測不可能なことが多いのです。そのため、少額の事故も含めると頻繁に発生するので、免責額がない設定をお勧めします。

また、保険会社によっては損害額が一定額以上でないと、保険金が下りない場合があるので注意が必要です。

②保険会社選定のポイント

保険会社を選定する際は必ず原因調査費用が出るのか確認した方が良いです。

例えば、上階からの水漏れ事故が発生したとします。しかし、上階の部屋では漏水しておらず上階の床下の給排水管から漏れていた場合、床に穴を開けて原因箇所を特定する必要があります。

そのため、調査費用が出ない火災保険では穴を埋める費用は自己負担することになります。

保険会社によっては標準で調査費用が出る会社もあれば、特約で追加する必要がある会社、調査費用項目がない会社もあるため、保険会社の選定は十分調査する必要があります。

③特約を追加するポイント

特約では必ず施設賠償責任特約を追加してください。これは、建物などによって第三者に損害を与えてしまった場合に、補償するための特約です。

例えば、経年劣化によってアパートの外壁が剥がれてしまい、駐車場に停めていた車を傷つけてしまったり、通行人に直撃して怪我をさせてしまった場合、被害者に対しての補償金が出ることになります。

注意しないといけないのは、アパートの外壁が剥がれた原因は経年劣化のため外壁修理費用は出ないことになります。

諸費用（見舞金）特約というのは、保険金を10～30％上乗せしてくれる特約になります。

この特約により、本来下りない修理費用をまかなえることがあります。

例えば、９棟目の水漏れ事故の場合、漏水原因となった配管の修理費は経年劣化のため保険金は下りませんでした。保険金の対象となるのは漏水によって発生した被害のみとなります。つまり、今回の場合は漏水によってユニットバスの床下に穴が開き、ユニットバスの床裏にサビが発生していたため、床下の修理費用とユニットバス本体の修理費用が保険金の対象となります。

しかし、諸費用（見舞金）特約をＭＡＸの30％上乗せしていたので、修理費用約50万円の内、配管修理費用の約７万円を除いた約43万円が損害額で、諸費用（見舞金）は損害額の30％の約13万円、合計で約56万円が下りた保険金となります。

つまり、たとえ経年劣化が原因で配管修理費用が下りなくても諸費用（見舞金）特約によって配管修理費用をまかなうことができるのです。

7　ネットとＤＩＹと業者の三刀流で経費の圧縮はできる

(1) 不動産投資初期段階の原状回復は自分で手配すべし

不動産投資は物件を買うことが目的ではなく、物件を運営して収益を得ることが目的です。

何度も言いますが、仕事を覚えてステップアップするためには、実際に手足を動かして経験値を積む必要があります。

そのため、原状回復は管理会社に依頼するのではなく自分で手配します。もちろんＤＩ

Yをしても構いません。

業者はネットやタウンページに掲載されているでしょうから、簡単に見つかるはずです。複数の業者に来てもらい、相見積を取ってキチンと相場を見極めることが重要です。なぜなら、相場を知らない客は業者にとってカモでしかないからです。

高ければ交渉が必要です。業者が出した見積が高い場合に「高いから安くしろ！」と言ったのでは説得力がないのです。「この項目が相場価格（他の業者）より高いから安くしてください」と何がどれくらい高いのかを的確に指摘する必要があります。

ただし、業者は安ければ良いというものではありません。特に内装業者は腕の良し悪しや修繕スキルが違います。

腕の良い内装業者は壁や床の内装だけでなく、建具の修理などのノウハウも持っていたりするので、わざわざ専門の業者を探したりする必要もありません。修繕の良き相談相手になってくれます。

業者に作業を依頼する際も、順番に配慮する必要があります。清掃作業をした後にクロスの張替えを依頼するなんてバカなことをする人はいないと思いますが、電気工事、クロス張替え、塗装工事などの順番や日程調整をキチンと管理しなければ、手戻りが発生することになるので、慣れない内は工程表を作って考えた方がスムーズにいくと思います。

（2）大型ホームセンターに通うべし

大型ホームセンターはリフォーム（内装デザイン以外）を勉強するには、うってつけの場所です。特に設備面の勉強には最適です。

なぜなら、業者が使っている部材やその原価（店の利益は想像で考える）が判明するからです。業者の部材価格が極端に高い場合はホームセンターで買って施主支給をお願いする方法もできます。

どんな商品があって、どんな用途で使うことができ、いくらなのか、DIYが可能なのかを知っていれば修繕コストにいくらかかるのか、魅力的な部屋を作るための改善点を考えるきっかけにすることができるのです。

（3）こんなことをしたいと思ったら「ググる」べし

不動産投資初期段階では、これをこうしたいとか、ここを改善したいと思うことが多々あるかと思います。

今の私でも常に改善活動を行っているので、よく考えているのですが、解決方法の探し方というのは実に簡単です。「ググれ」ば大概答えは出てきます。

昨今の不動産投資ブームのおかげか、同様の悩みを持つ大家が多く、ブログに解決方法を載せていることがよくあります。

もしピンポイントで解決方法を見つけることができなくても、代替方法や何かしらの方法を組み合わせることで解決することもあるので、安易に人に相談するのではなく、まずはネットでググってみてください。

（4）DIYに対する考え方

ＤＩＹをするかどうかは自分のスキルや時間に左右されますが、スキルの向上は経験値を積めばいくらでも可能です。

ＤＩＹは少なからず自分の時間を消費することになります。不動産投資初期段階の経験値向上や資金不足を補うため、そしてそもそもＤＩＹが趣味で自己満足のために行うのであれば良いのですが、時間とお金を天秤にかけて考える必要があります。

例えば、キッチンの混合栓を交換する工賃について考えてみます。

ホームセンターで混合栓を購入して交換まで依頼すると、工賃がだいたい７０００円（税別）ぐらいになるかと思います。後日職人さんが取り付けをするのですが、おそらく工事は20分ぐらいで終わってしまいます。

職人さんの工賃を時給換算すると、２万円＋交通費１０００円ぐらいになってしまうのです。時給２万円なんて高いと思いませんか？

私の場合は、このように自分が働いた際の設定時給と業者に依頼した際にかかる工賃を比較して、コスパの良い方法を考えるようにしています。

何でもかんでもＤＩＹしてしまうと、完成に時間がかかってしまいその経過した時間が機会損失となるのです。

自己資金がないからＤＩＹで節約しよう！　って思う方は相当いるでしょう。しかし、ＤＩＹには向き不向きがあるので、チャレンジするにしても何をどうしたらいいのか分からないことが多々あると思います。

ネットでググると作業手順はヒットするので参考にはなるのですが、実際の作業を見ずに想像で作業すると、結果的に素人感満載の仕上がりになってしまいます。

素人品質のＤＩＹでは内覧時に嫌悪感を与えかねませんし、管理会社の印象が悪ければ内覧すらしてもらえません。ＤＩＹは自己満足で施工してはいけないのです。

私のお勧めは簡単に取り付けできるレベルのＤＩＹです。例えば通販で買ったカーテンレールやタオル掛けといったビス留めのレベルまでです。それ以上の工程になると職人レベルが要求されるので、出来栄えの品質に問題が発生します。

つまり、難易度が高いＤＩＹは回避してなるべく業者に依頼した方が良いのですが、どうしてもＤＩＹをしたい場合は、作業のやり方をＹｏｕＴｕｂｅで探してみてください。

最近はＹｏｕ Ｔｕｂｅの登録動画数が多いので、ＤＩＹの解説動画もあったりします。文章による説明よりも、動画で見た方が理解しやすいです。

第 5 章

これが、田舎大家流
マインドリノベーション
（事業永続のための7鉄則）

1　マインドリノベーションとは

（1）愚直なまでに「真摯」になれ！

私はサラリーマン時代にも、自分の生活環境に応じて「マインドセット」を行ってきました。

皆さんも知らず知らずのうちに、特に勤務先や所属する団体の社風・風潮といったものに大きく影響されているのではないでしょうか。

サラリーマンとして行ってきた「マインドセット」は、サラリーマンとして生きていく上では必要かもしれません。

しかし、不動産投資を行うにあたり、時には邪魔になることがあります。

サラリーマンは組織の一員であるので、指揮命令系統からの指示には従う必要がありました。つまり、組織の歯車の一つとして役割を果たさなければいけませんでした。

しかし、不動産投資を行うにあたっては「サラリーマン脳」のままではいけないのです。

なぜなら、不動産投資における指揮命令系統のトップは大家だからです。誰も指示を出してくれません。トラブルが発生しても自ら考えて解決しなければなりません。

そこで、「サラリーマン脳」を脱却して「経営者脳」へ切り替えるために、まず、「マインドリノベーション」を行うことが重要なのです。

「マインドリノベーション」の真髄は、不動産投資に対して愚直なまでに「真摯」になることにあります。「真摯」という言葉を辞典で調べると左記のように説明されています。


「真面目で熱心なこと。また、そのさま」


不動産投資を行う上で、真面目で熱心になれますか？

楽して稼ぎたいなどと思っていませんか？

軌道に乗れば不動産投資は楽かもしれませんが、軌道に乗せるまでは決して楽ではないのです。

（2）不動産投資は手段である

では、どうすれば「真摯」になれるのでしょうか？

何のために不動産投資をしたいのか。その「目的」を明確にすることにあります。「目的」を原動力にすることで「真摯さ」を発揮できるのです。

「目的」を持てない状態では、手段が目的化しているも同然です。不動産投資をすることが目的ならば、物件を購入できても成功はできません。

ただし、「目的」を難しく考える必要はありません。私のように「お小遣いを稼ぎたい」というちっぽけな目的でも構わないのです。目的を設定することで、5年でキャッシュフロー毎月100万円という「目標」を設定し、2年で達成できました。

価値観は人それぞれなので、誰かに否定されてしまうような「目的」でも、問題ありません（もちろん、反社会的な目的は除きます）。「目的」を原動力にして「真摯」になれればいいのです。

「真摯さ」が身に付けば後は何でもできます。無敵と言っても過言ではありません。

物件を取得し規模拡大するための戦略的・積極的姿勢を維持できます。謙虚に勉強もできます。「目的」を達成するための「目標」を設定し「計画」を立てることもできます。

初心者のうちは「計画」に穴だらけの場合が多いと思いますが、それでも良いのです。おそらく最初は「計画」ではなく「妄想」になると思いますが、「妄想」でも良いので行動することが大切なのです。

徐々に経験を積んで自分なりの経営方法を確立することで、「妄想」がだんだん形になっていき、「計画」になるのです。

つまり、「真摯さ」があれば自然と行動することができ、「経営者」としてのスキルが身に付いてくるのです。

（3）不動産投資は成長ツールでもある

私はよく地主系大家が集まる相続関係のセミナーに参加しています。目的は物件を販売してもらうために顔を売ることですが、その参加者の中でセミナー講師に「儲かる方法を教えろ」と言う人がいました。もちろん、発言したのは典型的な地主系大家ですが、このような人たちには経営しているという自覚はないのでしょう。経営者失格だと思いました。

よく聞く話ですが、地主系大家は経費を安くするための勉強もせず、業者に安くしろと上から目線で言うそうです。そのような人たちの相手をしなければいけない業者さんがかわいそうだと思います。

私はこのような人たちを反面教師とし、苦労や失敗している点を中心に話を聞いています。なぜなら、自分が失敗しないためです。

経営者失格な地主系大家は、おそらく時代の変化とともに賃貸経営もいずれ失敗するでしょう。そもそも目的が相続税対策としか考えていないのかもしれません。

しかし、賃貸経営を行って成り立つ相続税対策も、アパートを建てれば成り立つと思い込んでいる場合もあります。現に売買のポータルサイトに掲載されている売り物件の中には、サブリースで悪名高い建設会社の物件が任意売却の形で掲載されているものもあるからです。

この本の読者には、ただ単にお金を稼ぐための手段として不動産投資をしてほしくないと思っています。なぜなら、いろいろなことを経験することで、自分自身を成長させることができるからです。

私はサラリーマン時代では会社に依存して生きていたダメリーマンでしたが、不動産投資によって自立した経営者になれたと思っています。

また、経営者になることによって、視野を広くすることができました。不動産投資をすることによって、会社経営を行うためにさまざまなことを勉強せざるを得ない状況になるからです。

不動産投資は絶対に一人では事業を営むことはできません。物件を取得するにしても、不動産会社の協力、金融機関の協力、司法書士の協力が必要になります。取得してからも管理会社の協力、内装業者の協力、電気工事業者の協力が必要です。つまり人との縁があって成り立つのです。

私は不動産投資で本当にさまざまな人のお世話になりました。特に、志が同じ不動産投資家の先輩にはいろいろな相談に乗ってもらい、互いに切磋琢磨できる仲間となりました。人に感謝できる環境にあるということは、本当にありがたいと思っています。

2 お金を稼ぐということ

(1) 対価＝顧客評価である

物やサービスの対価はどのように決まるのでしょうか。

対価を設定するのは提供側ですが、本当の対価は支払う側の評価で決まります。当たり前ですが、評価に値しなければ売れないわけです。

これを不動産投資に当てはめるとどうでしょうか。提供する部屋の家賃（対価）は入居希望者（顧客）から評価されなければ、入居してもらうことはできません。

つまり、顧客からの需要を測る嗅覚が経営者には必要なのです。

入居者からの評価が高ければ、入居後は外的要因（転勤など）以外では退去することはなくなります。

外的要因以外での退去は、入居者にとって評価できない支払いが発生するから退去に繋がるのです。

気を付けなければならないのは、ただ単に安売りをすれば良いというわけではありません。十分な利益を確保できないのに安売りをするのは無能の証明でしかありません。

正当な対価をいただくためにどうすべきなのかを考えなければならないのです。

そもそも、入居者が満足していれば気持ち良く家賃を払ってくれます。人が介在すればお金にも感情が乗ります。感情が乗るから継続されるのです。

お金に感情が乗って初めて「事業」と言えるのです。感情の乗らないお金のやりとりは「投資」でしかありません。

例えば、株やFXで発生した利益に誰かからの感謝の気持ちが乗っていたりするでしょうか？　あり得ないですよね。株やFXで継続した利益が入らないのはそのためなのです。

（2）評価する立場を悪用してはいけない

修繕などで業者に依頼することが多々ありますが、お金を支払う側である以上、我々も業者を評価する立場にあります。

だからといって、この立場を利用して対価以上の作業を業者に求めてはいけません。よく本に書かれているのが、業者が来たついでに何か無償で作業を行わせる行為です。しかもその作業に対する責任も無償で持たせるのです。

この取引はフェアだと思いますか？　自分が業者の立場であれば、絶対に取引したくない客だと思ってしまいます。

業者のご厚意でやってくれる分であればもちろん問題はありませんが、いくら原価がからないとはいえ、厚意を強制させることはやってはいけないことです。業者の時間を消費するのですから、サービス業としてキチンと対価を支払うべきなのです。

「儲ける」という字にあるように、信用される者でなければ継続した関係になれません。適正な評価ができないのは傲慢以外の何物でもないのです。

(3) 不動産投資が100％事業だと考えるのは傲慢である

不動産投資は「不動産賃貸業」なのだから、「事業」だという考え方がありますが、それについては私も間違っていないと思っていますし、そうあるべきだと思っています。

しかし、中古アパートや建売の新築アパートにはすでに入居者がいて、管理会社がセットになってそのまま経営できるだけの環境がそろっています。そのため、私はお膳立てされた「パッケージ商品」だとよく言っています。

そんな「パッケージ商品」を買ってそのまま経営して「事業」だ！　なんて言うのは傲慢過ぎると思いませんか。たとえるなら、ワードやエクセルを購入してテンプレート的な文章や表、グラフを作りますよと言っているのと同じです（製作している時点でこちらの方がまだ事業といえる）。

自分で一から作り上げることもせずに、お膳立てされたレールの上を走っているだけに過ぎないことになぜ気付かないのでしょうか？

不動産投資が１００％事業だと言うのであれば、規模を除けばラーメン屋さんの方がよっぽど「事業」らしいと言えます。経営者は客を満足させるラーメンを作り上げるために、経費や時間をやりくりして努力しているのです。「パッケージ商品＝事業」と言ってしまうと、本当に頑張っている人を侮辱しているのと同じになってしまいます。

だからといって、不動産投資に事業的要素がまったくないわけではありません。たとえ他人が用意したレールであったとしても、改善する余地はいくらでもあるはずです。

自分なりの改善活動をして入居者からの顧客満足度や、管理会社から客付け・管理の容易さによる評価を高めることができて、初めて「事業」的部分があると言えるのではないでしょうか。空室があるようでは「評価」されていないのと同じです。

不動産投資は「投資」と「事業」のウエイトのバランス配分が重要なのです。このバランスはどのような生活を送りたいのか、どんな人生を歩みたいのかによって配分が変わるのでどれくらいがいいとは一概に言えませんが、不動産投資は少なからず「人」に対してサービスを提供しているのですから、サービスに対する評価を気にした経営を心がけなければなりません。

3　経営を常に意識

(1) 月次決算のすすめ

私の所有物件は執筆時現在で12棟80室ですが、2営業日以内に必ず月次決算を行っています。良い売り物件が出た際の初動を早くするためだけではなく、法人の経営状態を常に最新の状態で知っておきたいからです。

そのため、税理士には定期的な面談と経営相談、年度末の決算のみを依頼し、帳簿付けなどの作業は自分で行っています。決して税理士に丸投げするようなことはしません。

大変じゃないのか？　と思うかもしれませんが、3時間もあれば終わります。

この3時間は私にとって本当に濃密な時間でもあります。なぜなら、1カ月間の反省と改善計画、成長具合の確認を行うことができるからです。

キチンと反省する時間を確保するのはなかなか難しいものです。一般的な会社では反省会などの会議を行うかもしれませんが、代表だけの一人法人なんてその場しのぎをした後、後悔はするが時間が経つにつれて忘れてしまうのではないでしょうか。

経営が正常な状態か確認するのは誰でしょうか？

法人が成長しているか確認するのは誰でしょうか？

反省後の改善活動はいつ誰がするのでしょうか？

税理士に丸投げしても良いのは企業会計の知識が十分にあり、月次決算結果を見て判断できるだけの経験を積んでいる人だけです。企業会計のスキルを身に付け、せめて決算書を見て内容を判断できるくらいにならないと、金融機関からの質問に答えることはできません。質問されるたびに税理士に確認します、と言っていたのでは格好が悪いです。

最新の経営状態が正常な状態かを、経営者として常に意識しておかなければなりません。そのために、税理士レベルの知識を得ろとは言いませんが、税理士と会話できる程度の企業会計の原則的な考え方だけでも身に付ける必要があります。

（2）迅速な決断と行動力

経営者は大小さまざまな選択と決断を行い、法人を成長させるための行動を常に行わなければなりません。

選択を迫られる状況というのはあってほしくないのですが、築古投資をする以上はトラブルが多く発生するので覚悟が必要です。

決断はそう簡単に出せるものではありません。しかし、早く決断すれば軽傷で済む問題も、時間をかけ過ぎて致命傷になる可能性もあります。

その際に選択肢を多く出し、最良の選択を即座に決断しなければなりません。経営者が責任者なのですから、誰も責任を取ってくれません。判断を人任せにするようでは「あなたは不要」ということになります。

責任を回避するようなことをせず、経験を積んで自分で考える力を身に付けてください。経験値を積むためには行動しかありません。セミナーに参加するも良し、本を読んで勉強するも良しです。

身をもった経験というのは、本を読むなどの座学での勉強よりも質の高い勉強といえます。

初心者であればどんな行動を起こせば良いのか分からないかもしれませんが、それでも構いません。がむしゃらに行動していく過程で、何が良くて何が駄目なのか身をもって経験することが大事なのです。

勘違いしてほしくないのは、考えなしに動けというわけではないことです。考えたことを実行に移すまでの準備なども含めて、すぐに実行に移すということです。

せっかく従業員のいない代表だけの法人なのですから、フットワークを活かして行動できるように心がけてください。

(3) 法人とともに自分自身を成長させる

決断ができない人はおそらく失敗を恐れている人ではないでしょうか。多額の融資を引いているわけですから、失敗が怖いという気持ちは分からないわけではありません。

そもそも、不動産投資のリスクなんて、他業種(例えば製造業)のリスクと比べれば微々たるものです。その程度のリスクでビビっているのであれば、他業種の経営者から笑われてしまいます。

自らリスクを負って決断し、行動することができないようでは、成長することはできません。自分の決断だけが、自分自身を成長させるための経験値になるのです。

だからといって、基本を疎かにして良いというわけではありません。例えばビジネスマナーや仕事の進め方といった基本が身に付いていないようでは、相手に馬鹿にされて当然です。金融機関が相手なら致命的と言っても過言ではありません。

そもそも、怖い、面倒、やりたくないといった感情論だけで判断するようでは経営者失格です。そのようなことを言っているようでは、ピーマンが嫌いだと駄々をこねている子どもと同じです。理屈で考えなければならないのです。

経営者が成長しなければ法人も成長しません。面倒だからといって外注しているようでは、業者のカモにされるだけです。

4 トライアル・アンド・エラー（試行錯誤）

（1） 改善活動の実施

不動産投資の作業にはルーチンワークが多く存在します。物件の購入準備、金融機関への打診、物件の維持管理、退去後の原状回復、帳簿付けなどがこれに該当します。

これらの作業は一度手間をかけておけば、2度目以降は簡略化できるものです。

例えば、退去後の原状回復では、デザインリフォームをするためにリフォーム箇所や壁紙の型番などを細かく指定しなければなりません。

不動産投資を始めたころは内装業者さんに、口頭でどこをどうしてほしいと伝えていました。しかし、思った以上に口頭で100%伝えるのは難しいもので、伝え漏れや思うようになっていなかったなどの問題がありました。

この作業を次回以降簡単にするために、エクセルを利用して写真付きでどの箇所をどうしたいのかを細かく記載した「作業依頼書」を作成して渡すようにしました。

同じ建物であれば部屋が違っても間取りが同じなので、一度作った作業依頼書を使い回すことでスムーズに作業依頼をすることができます。

これにより、内装業者さんには言った・言わないなどの伝え漏れが発生しませんし、内装の修繕履歴が残るのでどの部屋がどの内装なのかの記録が取れます。

このようにちょっとした工夫で作業効率が良くなりますし、ミスを発生させない取組み・仕掛けを作ることで手戻りを防ぐことができるのです。

（2）トラブルは放置するな！

不動産投資ではさまざまなトラブルが発生しますが、そもそも先送りして良いトラブルなんてありません。

コンピュータのハードとソフトの関係になぞらえて、建物や設備に関するトラブルを「ハードトラブル」、対人や騒音のトラブルを「ソフトトラブル」と言ったりします。

ハードトラブルは即対応すれば大事になることはありませんが、長引くと被害が拡大したり、入居者に不満が募りソフトトラブルに発展したりする可能性もあります。

そもそも、ハードトラブルは大家に非があることが多いのですが、サービスを提供する側として本来はあってはならないはずです。建物・設備のメンテナンス不備は大家の責任です。

しかし、トラブルの第一発見者は入居者になってしまうため、どうしてもトラブルの未然防止をすることができない現状があります。

そのため、退去のタイミングで後々問題化しそうな場合（例えばエアコンや給湯器が古い場合）は、未然防止の観点から交換対応しておいた方がトラブル化を防ぐことができます。

それでもトラブル化した場合は、管理会社から連絡があったタイミングで即対応させるように指示しなければなりません。

ハードトラブルにしろ、ソフトトラブルにしろ、対応はスピードが命です。スピーディに対応することで、信頼を回復する努力は絶対に必要なのです。

いくら管理会社に業務委託しているといっても、最終的な責任は大家にあります。トラブルが発生してしまった場合は、次回以降トラブルを発生させない仕組み・仕掛けを考えて未然防止するように努めなければなりません。

（3）失敗の原因は明確にする

試行錯誤する以上、失敗はつきものです。失敗すると精神的や金銭的につらいものがありますが、やったことがないことにチャレンジして失敗しても別に構わないのです。なぜなら、自分自身を成長させる過程において、失敗は経験値なのです。失敗を恐れて何もしないことの方が問題なのです。

ただし、失敗を受け入れ、失敗の原因を分析して明確にする必要はあります。同じ過ちを繰り返さないためです。

正直なことを言うと、私の13棟目の新築アパートは、自己評価は決して１００点満点を出せるような建物ではありません。気に入らない点がたくさんあるので、せいぜい60点程度でしょうか。

いくら机上で考えたところで形にならなければ分からないことが多くあり、これは私の経験不足に起因した失敗です。そのため、私にとって13棟目は完成品ではなく、プロトタイプ（試作品）なのです。

もちろん、気に入らない点は次回の新築アパートで改善し、少しでも完成品に近付けるつもりです。

また、失敗を失敗と認識できないこともありました。地元の仲間を対象とした内覧会を行った際に指摘されたことは、自分でも気が付かないものが多々ありました。

仲間や第三者に評価してもらうというのは、当たり前ですが、自分以上に客観的に分析してもらえます。第三者からの評価というのは本当に大切なのです。

5　何事も簡単にできると思うな！

(1) 頭金を貯めることができない人間に成功できるわけがない！

巷では頭金0円でも不動産投資を始められると謳う、本や不動産業者が後を絶ちません。

確かに資産性の高いRC物件などを購入し、金利の高い金融機関を利用すれば物件を購入することは可能です。

しかし、物件購入が不動産投資の目的でしょうか？　これはまだスタート地点に立ったに過ぎません。

自分の将来や人生をどうしたいかを考えた上で、それを達成するための手段として不動産投資があるはずです。

もし仮に不動産投資で成功すること自体が目的であったとしても、不動産を購入することではなく、収益を上げることが目的のはずです。

収益を効率良く上げるために、金利の高い金融機関を使うのではなく金利の安い地銀や信金・信組を利用したいと思うはずです。

しかし、1棟目を購入するにあたり資産や経験もなければ相手にしてもらえない事実もあります。相手にしてもらうには、頭金や諸経費を支払うだけの資金が必要だからです。

そもそも、本来は利回りが特別高いわけではない物件を購入する場合は、頭金を用意して安全に経営していかなければなりません。

それなのに、高金利のオーバーローンで購入するのは、言うなれば未来の自分を担保にしているのと同じで、未来の自分（または物件）がキチンと返済できる保証などどこにもないのです。

もちろん、高利回り物件を運良く紹介してもらって満室経営できるのであればオーバーローンも悪くありません。

頭金を貯めることができないのは、「お金の管理ができない人」か「属性が悪い人」のどちらかだと思いますが、どちらも金融機関から評価されません。

「お金の管理ができない人」は、現在の自分が将来の自分に対して「人生のツケ」を回しているのと同じなのです。なぜなら将来に対する備えがないので綱渡り人生と言っても過言ではないからです。

「属性が悪い人」はさらに状態が悪く、過去の自分が現在や将来の自分に回したツケが相当貯まっているのです。過去の自分が努力していれば属性が良いはずなのに、楽をしてきたことで現在や将来の自分を窮地に追いやっているのです。

そんなしょぼいマインドの人が、将来にわたって成功することができるでしょうか？客観的に見れば、できるわけがないのです。

今まで自分の将来にツケを回してきたのならば、いったんそのツケを清算しなければ信用されないのです。そのための頭金なのです。

ツケの返済方法なんていくらでもあります。ギリギリまで節約生活をするも良し、寝る時間を惜しんで副業をしても良いはずです。

世の中にはツケの返済方法がすごい人がいます。ビリオネアクラブの仲間には、【キャバクラ大家】こと桜庭匠さん（著書『中卒でも年収1億円！〝やる気〟だけで夢は叶う』ぱる出版）が在籍していますが、桜庭さんのツケの返済に対する行動力や忍耐力には脱帽です。

桜庭さんは中卒という属性（本人はマイナス属性と呼称）の状況下で美容院を開業するために、歌舞伎町のホストクラブで1年間の激務に耐えて開業資金を貯めたそうです。

ご本人から直接聞いた話では、労働時間は最長で19時から翌日の17時までの計22時間で、1カ月で１００人の採用がいる中、３カ月後には１人残っているかどうかの激務だったそうです。著書を読んでいただければ、どれだけのマインドの持ち主かが分かると思います。

時間をかければこれほど大変なことにならないかもしれませんが、そもそも不動産投資は時間を味方につける投資です。チンタラしていては無駄に時間を消費するだけです。

目標や自分の人生に対する思いというのは、本来これくらいのマインドで臨まなければ成功できないのではないでしょうか。

（2）軽い気持ちでやるな！　覚悟しろ！　腹くくれ！

私が不動産投資を始めて1年ぐらいが経ったころに、不動産投資を始めたいという青年と出会う機会がありました。

彼の話を聞くと、ロバート・キヨサキ氏の『金持ち父さん 貧乏父さん』（筑摩書房）に影響を受けて不動産投資を始めたいと言っていました。

彼は地元の東証一部上場企業に勤めているので、属性は遜色なく、いつか追い抜かれてしまうのではないかと思っていましたが、2年ほど経った今でも1棟も購入できていないのです。

会うたびに進捗を聞いたり発破をかけたりしていますが、全然進歩しません。本も読まなければ、不動産会社に営業をかけたりせずに、2年という時間を無駄に消費しています。

そもそも、不動産投資はキチンと勉強すれば簡単なのです。業種で言えば不動産賃貸業と呼ばれるかもしれませんが、事業の中では底辺です。失礼な言い方ですが、高齢者でも経営できるのです。

他の事業と違い0から1を作り出すのではなく、元々ある1をそのまま経営するかせいぜい2にする程度です。

だからといって、覚悟もなくできるわけではありません。借金を背負うことに対する覚悟ではなく、人が住む建物を所有して入居者に貸すことに対しての覚悟です。

言わば入居者の命を預かっているのと同じなので、生半可な覚悟で始めてほしくありません。建物に不備があり入居者が不利益を被れば、それは大家の責任です。

あなたは他人に責任転嫁することなく自分で自分のケツを拭けますか？

（3）簡単にできると言う業者は悪徳業者！

前項で「不動産投資は覚悟があれば簡単だ」なんて述べましたが、あくまでもキチンと勉強したり、他業種と比較しての話です。

初心者であれば、物件を所有してからも勉強の日々なので、大変なのは当然です。しかし、世の中の不動産会社には物件を仲介したいがために、安易に「簡単だ！」と言う売買担当営業がいます。そのため、初心者が真に受けて本当に簡単なのだと思い込み、安易に参入する人が後を絶ちません。

そもそも、売買担当営業が賃貸業について100％知っているわけではありませんし、スペシャリストでもないのです。

ましてや、信頼関係を築けていない営業は味方とはいえません。たとえば、仲介手数料を多く取りたいあまり、なるべく高く売ろうとポジショントーク（自分に有利になるよう誘導するトーク）をしたり、中には、売れれば後は知らんぷりの悪徳業者もいます。

では、購入する側としてどうすれば良いのでしょうか？

答えは簡単です。情弱（情報弱者）にならずに、言っていることが正しいかどうかを判断できるだけの理論武装をキチンと行えば良いのです。たとえは悪いですが、オレオレ詐欺の電話がかかってきたとしても、キチンと確認をすれば防げるのと同じです。

投資の世界ではよく「投資は自己責任」と言われますが、違法な仲介を除けば本当に自己責任の世界なのです。甘い考えは通用しないと肝に銘じてください。

同様に不動産投資コンサルタントも、アドバイスした内容に自己責任の原則を持ち出して責任を取ることはありません。情弱を食い物にしていると言っても過言ではありません。ボランティアで教えてくれる先輩大家さんの方が、よっぽど信用できます。

6　謙虚に勉強して行動！

（1）不動産投資の勉強が嫌なら、今すぐ不動産投資を諦めなさい

不動産投資で収益の最大化を目指すのであれば、さまざまなノウハウを駆使する必要があります。

そのため、不動産投資の勉強は当たり前です。勉強もせずに不動産投資を始めるなんて愚行です。そもそも、不動産投資に限らず勉強もせずに、新しいことにチャレンジするな

んでできるのでしょうか。

たとえるなら、作ったことも食べたこともない料理を、レシピなしで作ることと同じです。普通に考えたらあり得ないのです。

にもかかわらず、昨今の不動産投資ブームによって、何も考えずに不動産を購入している人が多いのです。

そもそも、不動産投資の勉強なんて「超」簡単です。本を読むかセミナーに参加して、こんなときはこうする、こうすれば費用が安く済むといったことを知って実践するだけです。しょせんその程度なので、数学の計算式を解くより簡単です。

そんな簡単な勉強が、不動産投資を成功させるためには不可欠なのです。

また、不動産投資には、「不動産」「建築」「法律」「金融」「税金」「経営」「経済」のそれぞれの知識が必要です。

「桶の原理」（正式名称：リービッヒの最小律）をご存じでしょうか？　桶を構成する桶板の長さが長短バラバラの場合は、水は短い桶板の高さまでしか溜めることができないたとえです。つまり、それぞれの知識レベルに偏りがあれば、桶（財布）からお金が流出してしまいます。

何も、専門家レベルの知識が必要と言っているわけではありません。専門レベルは専門家に依頼すれば良いのです。

しかし、専門家に依頼する際に会話ができるだけの知識がなければ、そもそも依頼することもできないのです。

あなたは学生時代になぜ勉強していたのですか？　良い大学に進学するためですか？　自分の将来の選択肢を広げるために、勉強していたのではないのですか？　良い大学に行くのは、選択肢を広げる手段であって目的ではないはずです。

あなたはなぜ不動産投資を始めたいのか、もう一度良く考えてください。勉強という名の自己投資もせずに楽に稼ぎたいと思うのであれば、不動産投資では実現することができないので諦めてください。

（2）得たノウハウを活かして即実践せよ

前項では勉強の大切さについて説明しましたが、勉強だけすれば良いというわけではありません。勉強で得たノウハウを活かすために、アウトプット（実践）しなければ、何の意味もありません。

勉強しただけで自己投資したつもりかもしれませんが、投資にすらなっていません。お金と時間を消費しただけで、自己満足に浸っているおめでたい人になっているだけなのです。

すごく本を読んではいても、不動産の購入に踏み切れない人のことをよく「ノウハウコレクター」と呼んだりします。しかし、本当にコレクターなのでしょうか。

記憶力が良い人であれば、インプットしたノウハウを覚え続けることはできると思いますが、普通の人であれば、本を読んだだけではすぐに忘れてしまいます。実際には、アウトプットして初めて身に付くので、コレクターにすらなれていません。

結局のところ、実践できるかどうかは本人のマインドに左右されてしまうのです。自己実現に対する思いの強さがあるのかどうか、ただ単に面倒なことをせずに楽して稼ぎたいと思うか。

あなたはどちらのタイプなのでしょうか？　今一度自問自答してみることをお勧めします。

(3) 仲間をつくりライバルを設定

私がやる気を起こす方法の一つに、ライバルを設定することがあります。たとえるなら、少年マンガに登場する「友情」「努力」「勝利」のごとく、自分を成長させることができるものだからです。

ライバルの存在は目標を達成する上で非常に大切です。直近の目標をライバルという形で具現化することで「負けないぞ！」とモチベーションを奮い立たせ、おのずと努力を重ねるようになります。

そのためには、ライバルを探す必要がありますが、大家仲間の同期や所有物件規模、属性が同じような人を探します。自分と同程度の人でなければ、「言い訳」ができてしまうからです。

ライバルが大家仲間である必要はないのですが、嫌いな人をライバルにしてしまうと、負の感情が芽生えて「蹴落として邪魔してやろう」と思うかもしれません。

ライバルはあくまでも互いに成長を促す存在でなければならないので、敵対することがない大家仲間同士であれば、自然と互いに切磋琢磨する関係になります。

もちろん、ライバルがいることで悔しい思いをすることもありますが、その思いを糧に自分自身を成長させれば良いのです。

7　常にマインドと視野を成長させる

(1) 利益を追求する上での流儀

私が誰かと取引する上で気を付けていることがあります。それはフェアであることです。フェアでない取引というのは、当然どちらかがどちらかに負担を強いることになります。それではお互い気持ちの良い取引はできません。その取引が無事終了したとしても、継続されることはないでしょう。

そもそも、見積書の値段が高いと思うのであれば、相見積を取って安い業者を探す努力をすれば良いのです。

安い業者を見つけることができなければ、それが相場なのだから根本的に解決方法を変えなければならないということです。

経営をする人間として、努力してアイデアを出した上で利益を出すのが当たり前であり、この原則を捻じ曲げてはいけないはずです。

「わらしべ長者」という昔話をご存じでしょうか？　貧乏な男が物々交換で「藁→蜜柑

↓反物↓馬↓屋敷」と交換していく話ですが、事業もこの話によく似ています。

一見この話はフェアでない取引を繰り返して屋敷を手に入れたように見えますが、相手が困った状況下にあったので、相手側から交換を依頼されて助けている点が重要です。

つまり、問題解決という付加価値が発生したからこそ、このような利益を生む取引が可能なのです。

自分が優位な立場であることを利用して、交渉を押し付けても成立しないし感謝もされないのです。感謝されなければ事業として継続しないのです。

信頼できる人と金に汚いが儲けさせてくれる人、あなたはどちらと付き合いたいと思いますか?

約束を守らない、無理難題をふっかける、上から目線で悪態をつく人の相手は我慢できたとしても、助けを求められたときに気持ち良く対応できるでしょうか? 聖人君子でもない限り、無理な話なのです。

相手も人間です。気持ち良く取引できる相手なら良い条件を出してくれますし、やりにくい人間であれば露骨ではないにしても相応の報いをするものです。

取引する自分も相手も結局は「人」です。しがらみがなければ、ストレスを溜めてまで付き合う道理はないということです。

逆の立場になって考えてみてください。フェアでない取引を持ちかけられて気持ち良く応じることができますか？

「金の切れ目が縁の切れ目」の関係は、しょせん簡単に切れてしまうものなのです。信頼でつながる縁の方が、継続的な関係でいられるのではないでしょうか。

（2）俯瞰して井の中の蛙から脱出

私はサラリーマン時代に「労働は人生の切り売り」だと思っていました。人生のほとんどを勤めている会社に捧げているからです。社畜であればあるほど、自分の人生を悪いレートで売っているようなものです。

おそらく大多数の家庭では、良い大学に行って良い会社に入って（住宅ローンを組んで）、家を建てるために真面目に働いて貯金しなさいという思想が刷り込まれているかと思います。

この思想を少し「俯瞰」することで、社畜精神が会社や国にとって都合の良い国民を生んでいるということに気付くかと思います。

「俯瞰」するのは何もサラリーマンのときだけではありません。物事の要所要所であったり、何かを決断するときなど適時行う必要があります。

なぜなら、何かに熱中していると極度に主観的になったり、盲目的になるものだからです。もちろん、腹をくくる際には熱意が必要になりますが、そのようなときこそ「俯瞰」することで、正しい判断をしなければなりません。

会社や国に都合の良い存在になりたいでしょうか？　他人に迷惑をかけなければ、わがままに生きる権利はあるはずです。

しかし、それが許されるのは生きていくための基礎を築いた人だけなのです。

不動産投資に限らず何かで成功するためには、努力しなければなりません。努力したからといって成功する保証はありませんが、成功する資格があるのは努力した人だけです。

努力するためには少なからず時間が必要になります。勉強にしろ、営業活動にしろ、頭金を貯めるにしろ時間が必要なのです。誰かが無償でお膳立てしてくれたりはしません。

たとえ、お金を持っていたとしても、勉強して実践しなければ成功することはできないので、何かしらの犠牲なしには成り立たないものなのです。

知識や経験がなければ、視野が狭いので「俯瞰」することすらできないのです。

もし勉強せずに不動産投資を行い失敗した場合、あなたはどうしますか？　謙虚さがあれば授業料だと思って前向きに考えるかもしれませんが、大概の人は自分の判断を人のせいにします。人のせいにするということは、極度に主観的であり「俯瞰」できていないのです。

「俯瞰」するにしても何をするにしても、結局は知識や経験が必要なのです。知識や経験を手に入れるには、真面目に勉強して得たノウハウを実践するしかないのです。

▼おわりに▲

最後まで読んでいただき、ありがとうございます。

「田舎大家流不動産投資術」の感想はいかがでしたでしょうか？

都会の不動産投資と田舎の不動産投資の違いをキチンと理解して実践すれば、おそらく成功できるのではないかと思います。

私自身、不動産投資によって人生が変わりましたし、人生を救われたと思っています。

もし、不動産投資を知らずにずっとサラリーマン生活をしていたら、たぶん悲惨な人生になるだろうなと思えます。

私が不動産投資の本を出版しようと決意したのは、初心者からいろいろ質問されるようになったときでした。

私も昨今の不動産投資ブームに乗った人間です。経験も浅い方なので偉そうに教えることはできませんが、それでも初心者のレベルが低いと思うことが多々ありました。

原因は明白です。不動産投資を他の投資と同じ目線で考え、何も勉強していないからでした。なぜ勉強しないのか、行動しないのかを問いただしても、仕事が忙しくて時間が確保できないと口をそろえて言うのです。

そんなマインドでは成功できないと散々言っていますが、彼らは理解できないのです。

それでも、勉強しないまま不動産投資を始めて失敗する人を何とか救いたい、失敗する前に目を覚ましてほしいという思いを込めて、本書を執筆しました。


私が不動産投資を始めたころにはすでに地元やビリオネアクラブに先輩大家さんがいて、いろいろな方に応援をいただきました。

そして今、どうすればお世話になった方へ恩返しができるかを考えましたが、教わったことで恩を返すことはできません。

せめて私が応援してもらったように、私もまた誰か困っている人を応援して後輩を育てていかなければならないと思っています。

最後になりますが、ビリオネアクラブの皆さん、地元の諸先輩方、一緒に切磋琢磨してくれた北陸支部の皆さん、私がここまで成長できたのは皆さんのおかげです。この場をお借りしてお礼申し上げます。本当にありがとうございます。

【ド田舎大家T】こと多喜裕介

法律や税金制度は、改正されることがあります。

また、役所や税務署によっても見解が異なる場合があるので、随時確認することをお勧めします。

【著者プロフィール】

多喜　裕介（たき　ゆうすけ）

不動産投資アドバイザー

1982年、石川県金沢市生まれ。

金沢工業大学工学部情報工学科卒業。

結婚し、富山県富山市在住。

趣味はPCいじりで夏と冬の休みを利用して秋葉原に遠征している。ブログ「ド田舎大家Ｔの奮闘記」。このブログの内容を中心としたコピー本をコミックマーケットで販売。

2005年に大学卒業後、商社にSEとして入社。

2010年より建設業の事務職に配置換え。2014年よりビル管理業に配置換えとなったことで、不動産投資に目覚める。

投資クラブ「ビリオネアクラブ」と出合い、不動産投資の才を開花。

■物件取得経過と活動

2014年7月、ファミリー向けアパート（1棟目）購入。8月、ビリオネアクラブ北陸支部長に就任。

2015年2月、単身向けアパート（2棟目）購入。6月、学生向けアパート（3棟目）購入。不動産投資を始めて1年でアパート3棟購入。

2016年6月、同一敷地内にアパートが6棟ある物件を購入。ちょうど2年間でアパートを9棟取得し、キャッシュフロー130万円/月（家賃年収2,900万円）を達成。

サラリーマンを退職した現在、管理会社の管理コンサル、投資家向けのセミナーを行っている。ビリオネアクラブが設立した「ビリオネア不動産アカデミー」の講師兼リーダーにも就任。

2016年12月、1棟目を売却、800万円の利益を生む。

2017年2〜3月、中古アパート3棟購入。

2017年3月、新築アパート完成。

企画協力　有限会社インプルーブ　小山 睦男
組　版　高橋 文也
装　幀　株式会社クリエイティブ・コンセプト
校　正　鈴木 佳代子

田舎大家流不動産投資術

たった3年で家賃年収4700万円を達成した私の成功法則

2017年12月5日　第1刷発行

著　者　多喜 裕介
発行者　山中 洋二
発　行　合同フォレスト株式会社
郵便番号 101-0051
東京都千代田区神田神保町 1-44
電話 03（3291）5200　FAX 03（3294）3509
振替 00170-4-324578
ホームページ http://www.godo-shuppan.co.jp/forest
発　売　合同出版株式会社
郵便番号 101-0051
東京都千代田区神田神保町 1-44
電話 03（3294）3506　FAX 03（3294）3509
印刷・製本　新灯印刷株式会社

■落丁・乱丁の際はお取り換えいたします。

ISBN 978-4-7726-6101-0　NDC336　188 × 130